语言学论丛

● モダリティの体系と認識のモダリティ表現の諸相

日语情态与认知情态研究

蒋家义 / 著

图书在版编目 (CIP) 数据

日语情态与认知情态研究 / 蒋家义著. — 北京：北京大学出版社，2021.8
ISBN 978-7-301-32316-8

Ⅰ. ①日… Ⅱ. ①蒋… Ⅲ. ①日语 – 语言学 – 研究 Ⅳ. ① H36

中国版本图书馆 CIP 数据核字 (2021) 第 140735 号

书　　名	日语情态与认知情态研究 RIYU QINGTAI YU RENZHI QINGTAI YANJIU
著作责任者	蒋家义　著
责任编辑	兰　婷
标准书号	ISBN 978-7-301-32316-8
出版发行	北京大学出版社
地　　址	北京市海淀区成府路 205 号　100871
网　　址	http://www.pup.cn　新浪微博：@ 北京大学出版社
电子信箱	lanting371@163.com
电　　话	邮购部 010-62752015　发行部 010-62750672　编辑部 010-62759634
印　刷　者	大厂回族自治县彩虹印刷有限公司
经　销　者	新华书店
	720 毫米 ×1020 毫米　16 开本　10.5 印张　230 千字 2021 年 8 月第 1 版　2021 年 8 月第 1 次印刷
定　　价	58.00 元

未经许可，不得以任何方式复制或抄袭本书之部分或全部内容。
版权所有，侵权必究
举报电话：010-62752024　电子信箱：fd@pup.pku.edu.cn
图书如有印装质量问题，请与出版部联系，电话：010-62756370

推薦のことば

　筆者は蒋家義さんが名古屋大学の研究生だった時に知り合いました。直接の指導教員ではありませんでしたが，蒋家義さんは日本語文法に強い関心を持っていて，時々私の研究室を訪ねてきては長い時間研究について語り合いました。その後の研究の大成がここに『モダリティの体系と認識のモダリティ表現の諸相』として出版されましたことを心よりお慶び申し上げます。
　日本では1980年代から1990年代にかけて日本語のモダリティ関する研究が活発になりました。それまでの「詞と辞」の研究などを発展させ，日本語の主観的表現を「命題とモダリティ」という観点から世界の諸言語の中における通言語的な表現として位置付けられるようになったのもこの時代である。これにより，それまでの品詞論的な研究から対照研究，類型論研究の枠組みでも議論されるようになり，意味的，統語的，語用論的に詳細な研究が行われるようになった。筆者の専門とする日本語教育の分野でも，学習者の誤用分析や母語との対照研究を行うことにより，各言語形式の多義性や類義表現との違いが次々に記述されていった。
　しかし，モダリティは「話し手が事態や命題，聞き手に関わっている様式，あるいは，主体が動作や状態に関わっている様式を表すものである」（本書の定義）というような漠然としてつかみにくい表現様式である。そのため，2000年代以降はモダリティ研究のブームが少し下火になっていきました。
　そのような中で，本研究のように改めてモダリティを取り上げた研究が

出てきたことは注目に値します。本研究では「主体や話し手の関与」という観点から「主体関与型モダリティ」（可能，意志），「事態関与型モダリティ」（行為要求，事態評価），「命題関与型モダリティ」（認識），「相互関与型モダリティ」（丁寧さ，情報認識）の四つに分類しています。これは蒋家義さんのオリジナルな考えが表れたもので，これまでモダリィ論において曖昧に論じられてきた主観性について，「主観性とは，話し手の関与が含まれていることであり，客観性とは，話し手の関与が含まれていないことである」という一歩進んだ定義に結び付いています。本研究が世界の諸言語のモダリティ研究に一石を投じるものとなることを期待しています。

名古屋大学大学院人文学研究科教授

杉村泰

2019年12月23日

まえがき

　蔣家義氏の本書は，博士論文「モダリティの体系と認識のモダリティ」に基づいている。氏は博士号取得ののち6年間考察を続け，2017年に本書の執筆にとりかかった。考察の期間に，博士論文に対する客観的・批判的な視点を得ることができ，氏はあたかも新しい論文にとりかかるような気持ちで本書の執筆を行っている。

　本書は2部9章より構成されている。

　第1部「モダリティの体系」では5つの章を立て，日本語のモダリティの体系を論じるが，まず，第1章で一般言語学，英語学におけるモダリティ研究と対比して，日本語のモダリティ研究の特質を明らかにした。そのうえで，第2章で氏独自の「関与」という概念を導入し，日本語のモダリティの分類を行っている。続く第3章～第5章では関与型モダリティのうちの「主体関与型モダリティ」，「事態関与型モダリティ」，「命題関与型モダリティ」について検討を行った。これにより，「関与」という概念の新しさと有効性を知ることができるようになっている。

　第2部「認識のモダリティ表現の諸相」では，「だろう」などの認識のモダリティ表現を4章を立てて論じている。先行研究と異なる新見がいくつも述べられているが，特に，「だろう」では「推量」についての再考が注目に値する。「ようだ，らしい，（し）そうだ」では，EVIDENTIALITY標識と結びつけることの妥当性の検討が目を引く。ほかにもいくつも注目すべき点があるが，これらに関しては各章の冒頭部の「内容」と，末尾部の「まとめ」

が参考になる。

　本書は，先行研究の成果を精査し，その上に立って，独自の概念による再編を行っており，日本語のモダリティ研究を一歩進めている。

　蒋家義氏の長年にわたる，モダリティに関する精力的で詳細な研究が，このような形でまとめられたことは誠に喜ばしいことと思う。

元杏林大学大学院国際協力研究科教授
今泉喜一
2020年1月16日

目　次

第I部　モダリティの体系

第1章　モダリティに関する基礎概念と多様な考え方 … 3
1. 本書の目的 …………………………………………… 3
2. 基礎概念 ……………………………………………… 4
   2.1. 動作，行為，状態，事態，情報 ………………… 4
   2.2. Dynamic modality, deontic modality, epistemic modality … 6
   2.3. 文法化と文法化の経路 …………………………… 7
3. モダリティに対する考え方の多様性 ………………… 8
   3.1. 2つのモダリティ論 ……………………………… 8
   3.2. 異なるモダリティの定義 ………………………… 9
   3.3. 各種の考察対象 …………………………………… 10
   3.4. 多義性と非多義性 ………………………………… 10
   3.5. 単義的アプローチと多義的アプローチ ………… 12
4. 本書の基本的立場 …………………………………… 13
   4.1. モダリティ論，モダリティの定義および考察対象 ……… 13
   4.2. 多義性と多義的アプローチ ……………………… 14
5. 本書の構成 …………………………………………… 14

第2章　関与とモダリティの分類 ……………………… 17
1. 第2章の内容 ………………………………………… 17

2. 先行研究におけるモダリティの分類 …………………………………… 17
3. 関与によるモダリティの分類 ……………………………………………… 20
　3.1. 関与とは ………………………………………………………………… 21
　　3.1.1. 話し手の関与 …………………………………………………… 21
　　　3.1.1.1. 事態関与 …………………………………………………… 21
　　　3.1.1.2. 命題関与 …………………………………………………… 22
　　　3.1.1.3. 相互関与 …………………………………………………… 23
　　3.1.2. 主体の関与 ……………………………………………………… 24
　3.2. モダリティの分類 …………………………………………………… 25
　　3.2.1. 主体関与型モダリティ ………………………………………… 26
　　3.2.2. 事態関与型モダリティ ………………………………………… 27
　　3.2.3. 命題関与型モダリティ ………………………………………… 29
　　3.2.4. 相互関与型モダリティ ………………………………………… 30
4. モダリティの主観性・客観性と話し手の関与 ………………………… 32
5. まとめ ……………………………………………………………………… 34

第3章　主体関与型モダリティ
　　　―可能のモダリティと意志のモダリティ― …………………… 37
1. 第3章の内容 ……………………………………………………………… 37
2. 可能のモダリティ ………………………………………………………… 37
　2.1. 可能表現の位置づけ ………………………………………………… 38
　2.2. 可能表現の許可や禁止を表す用法 ………………………………… 39
　　2.2.1. 可能表現で表す許可や禁止の成立条件 …………………… 39
　　　2.2.1.1. 許可や禁止の成立条件 ………………………………… 39
　　　2.2.1.2. 可能表現で表す許可や禁止の特有の成立条件 …… 39
　　2.2.2. 可能表現が許可や禁止を表す動機 …………………………… 42
　　　2.2.2.1. 渋谷の説明 ……………………………………………… 42

　　　　2.2.2.2. プロファイルの観点からの説明 …………… 43
3. 意志のモダリティ ……………………………………… 45
　3.1. 「しよう」の意志・勧誘・婉曲な命令の用法 …… 45
　　3.1.1. 各用法の概観 …………………………………… 46
　　3.1.2. 各用法の関係 …………………………………… 50
　3.2. 意志のモダリティ表現の文法化 ………………… 52
4. まとめ …………………………………………………… 54

第4章　事態関与型モダリティ
　　　―行為要求のモダリティと事態評価のモダリティ― …… 56
1. 第4章の内容 …………………………………………… 56
2. 行為要求のモダリティ ………………………………… 56
　2.1. 命令と依頼の違い ………………………………… 57
　2.2. 上下関係と命令・依頼の関連 …………………… 60
3. 事態評価のモダリティ ………………………………… 62
　3.1. 事態評価のモダリティの概観 …………………… 62
　3.2. 事態評価のモダリティにおける主観性と客観性 …… 64
　　3.2.1. 先行研究の議論 ………………………………… 65
　　3.2.2. 「話し手の関与」による説明 ………………… 67
4. 行為要求と事態評価のモダリティ表現の文法化 …… 70
5. まとめ …………………………………………………… 71

第5章　命題関与型モダリティ
　　　―認識のモダリティ― …………………………………… 74
1. 第5章の内容 …………………………………………… 74
2. 認識のモダリティの定義 ……………………………… 74
　2.1. 先行研究における認識のモダリティの定義 …… 74

2.2. 「命題関与」に基づく認識のモダリティの定義 …………… 79
　3. 認識のモダリティにおける主観性と客観性 ……………………… 80
　　3.1. 先行研究の議論 …………………………………………… 80
　　3.2. 「話し手の関与」による説明 …………………………… 82
　4. 認識のモダリティ表現の文法化 ………………………………… 85
　5. まとめ ……………………………………………………………… 87

第2部　認識のモダリティ表現の諸相

第6章　「だろう」 ………………………………………………… 91
　1. 第6章の内容 ……………………………………………………… 91
　2. 「推量」と「断定保留」 ………………………………………… 91
　　2.1. 「推量」 …………………………………………………… 94
　　2.2. 「断定保留」 ……………………………………………… 96
　3. 「推量」の再考 …………………………………………………… 97
　　3.1. 「想像や思考」と「不確実さ」のあり方 ……………… 98
　　3.2. 「推量」の再規定 ………………………………………… 99
　4. まとめ ……………………………………………………………… 101

第7章　「かもしれない」 ………………………………………… 102
　1. 第7章の内容 ……………………………………………………… 102
　2. 基本的意味 ………………………………………………………… 102
　3. 「是認―反論」の用法 …………………………………………… 104
　4. 「Pかもしれないし，Qかもしれない」構文 ………………… 106
　5. 記憶の呼び起こしを表す「かもしれない」…………………… 108
　　5.1. 仁田と日本語記述文法研究会の説明 …………………… 109
　　5.2. 中国語と英語の場合 ……………………………………… 109
　6. まとめ ……………………………………………………………… 111

目 次

第8章 「はずだ」 ……………………………………………… 113
1. 第8章の内容 ……………………………………………… 113
2. 「はずだ」の用法 ………………………………………… 113
   2.1. 先行研究の議論 ……………………………………… 114
   2.2. 「はずだ」の各用法の説明 ………………………… 117
      2.2.1. 「非難」 ……………………………………… 117
      2.2.2. 「意外」 ……………………………………… 118
      2.2.3. 「納得」 ……………………………………… 118
      2.2.4. 「推論」 ……………………………………… 119
      2.2.5. 「想起」 ……………………………………… 119
3. 「はずだ」の「推論」の用法 …………………………… 120
   3.1. 推論の様式 …………………………………………… 120
   3.2. 「はずだ」の意味 …………………………………… 123
4. まとめ ……………………………………………………… 123

第9章 「ようだ」「らしい」「(し) そうだ」 ……………… 124
1. 第9章の内容 ……………………………………………… 124
2. Evidentialityについて …………………………………… 124
   2.1. 発話情報源 …………………………………………… 125
   2.2. Evidentialityシステムのあり方 ……………………… 127
3. 「ようだ」「らしい」「(し) そうだ」とevidentiality ……… 130
   3.1. 先行研究とevidentialityとの関わり ………………… 130
   3.2.「ようだ」「らしい」「(し) そうだ」の文の発話情報源 … 133
      3.2.1. 「ようだ」の文の発話情報源 ……………… 133
      3.2.2. 「らしい」の文の発話情報源 ……………… 136
      3.2.3. 「(し) そうだ」の文の発話情報源 ………… 137

3.3.「ようだ」「らしい」「（し）そうだ」とevidentiality
　　標識 …………………………………………………………… 139
  4.「ようだ」「らしい」「（し）そうだ」に共通の意味 ………… 141
  5. まとめ ………………………………………………………… 143

あとがき ………………………………………………………………… 145

参考文献 ………………………………………………………………… 147

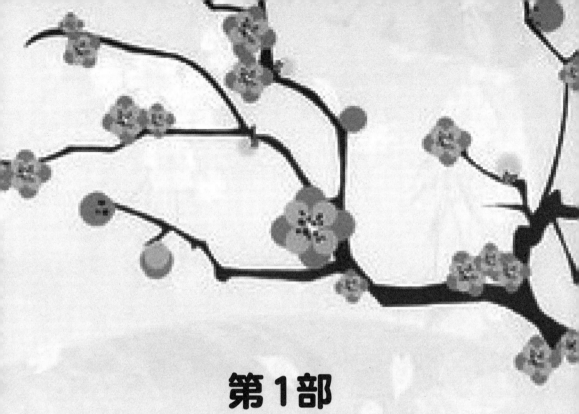

第1部
モダリティの体系

第1章

モダリティに関する基礎概念と多様な考え方

 1. 本書の目的

　1980年代から1990年代にかけて，日本語モダリティの研究が盛んに行われて，仁田（1991），益岡（1991）など，学術的に優れた成果が生まれてきた。その結果，モダリティが日本語学の重要な研究対象として定着している。

　日本語モダリティの研究の特徴としては，次の2点が挙げられるであろう。1つ目は，モダリティ研究の範囲が多岐にわたっていることである。たとえば，日本語記述文法研究会（2010: 47-50）は，モダリティを，「モダリティとは，文の述べ方を表すものであり，命題内容である事態に対する把握の仕方，先行文脈への関係づけのあり方，および，それらについての話し手の発話・伝達的な態度のあり方を表し分ける」（p. 48）と定義して，表1のように分類している。その定義と分類からわかるように，モダリティは，幅広い研究テーマをカバーしている。

表1　日本語記述文法研究会（2010）におけるモダリティの分類

事態に対するとらえ方を表すモダリティ	認識のモダリティ　（息子はもしかしたら合格するかもしれない。）
	評価のモダリティ　（人が話しているときは、静かにしなくてはいけない。）
説明のモダリティ	（間に合いませんでした。道が混んでいたのです。）
表現類型のモダリティ	叙述　（昨日佐藤さんに偶然会いました。）
	意志・勧誘　（今年こそ頑張ろう。）
	命令　（まぁ、そこに座れ！）
	疑問など　（鈴木さんもここに来ますか。）
伝達のモダリティ	丁寧さ（東京で会議がある／あります／ございます。）
	終助詞で表されるもの　（雨になるね。）

　このように，幅広い研究テーマを収めてきたモダリティ研究の扱っている表現も多種多様になる。これが2つ目の特徴である。モダリティ表現には，「う（よう）」，「ようだ」，「らしい」のような助動詞，「ね」，「よ」，「な」のような終助詞などがある。これらは，いわゆる「文末形式」に属するが，とりたて助詞のような非文末形式も，モダリティ表現とされることがある（寺村 1981；益岡 1991）。

　本書は，従来の研究を踏まえつつも，原点に立ち帰って必要最小限の範囲で日本語モダリティを再考してみたい。

2. 基礎概念

　本節では，これから使われる基礎概念について説明する。まずは，動作，行為，状態，事態，情報である。

2.1. 動作，行為，状態，事態，情報

動作，行為，状態

動作は，物体のような無情物と，人間のような有情物の動きである。動作

第1章　モダリティに関する基礎概念と多様な考え方

の主体は，動作主と呼ばれる。たとえば，「地球が回る」，「犬が走る」，「花子がご飯を食べる」においては，「回る」，「走る」，「ご飯を食べる」がそれぞれ動作主「地球」，「犬」，「花子」の動作である。行為は，有情物の動きを特にさす。行為の主体は，行為者と呼ばれる。

　動作が動的であることに対して，状態は，静的である。状態は，ある時点における人間や物事のありさまである。たとえば，「太郎が東京にいる」，「彼が英語ができる」，「花子はコーヒーが好きだ」，「私はあなたにそばにいてほしい」，「この商品は汎用性に優れている」においては，「東京にいる」，「英語ができる」，「コーヒーが好きだ」，「あなたにそばにいてほしい」，「汎用性に優れている」がそれぞれ「太郎」，「彼」，「花子」，「私」，「この商品」の状態である。状態の主体は，状態主体と呼ばれる。

事態

　本書では，動作と状態とを合わせて事態と呼ぶことにする。

　さて，「花子がスパゲッティを食べる」のような事態は，スパゲッティはいつ食べるのか，どこで食べるのか，何もわからないので，現実世界や仮定世界において「過去／現在／未来」で「起こった／起こっている／起こる」かどうか確認できない。

　事態を現実世界や仮定世界の一定の時間と空間に位置づけて時間や空間などを確定してはじめて，つまり事態に肉づけしてはじめて，確認ができるようになる。たとえば，「花子がスパゲッティを食べる」に基づいて肉づけされた事態「2010年10月12日に花子が駅前のファミリーレストランでスパゲッティを食べた」であれば，現実世界や仮定世界において「過去」で「起こった」かどうか確認できる。

情報

上に述べた動作，行為，状態，事態を合わせて情報と呼んでいい。加えて，動作主，行為者，状態主体，時間，空間など，文脈上のあらゆる要素も情報である。

2.2. Dynamic modality, deontic modality, epistemic modality

Dynamic modality, deontic modality, epistemic modalityは，英語学・言語類型論におけるモダリティの一般的な分類である。

Huddleston & Pullum (2002: 178) によると，dynamic modalityは，「節における（特に主語名詞句によって）言及された人の特質や意向などに関わっている」((dynamic modality is) concerned with properties and dispositions of persons, etc., referred to in the clause, especially by the subject NP)。「Deontic modalityは，未来の事態の実現に対する話し手の態度に関わっている」(deontic modality concerns the speaker's attitude to the actualisation of future situations)。「Epistemic modalityは，過去または現在の事態の事実性に対する話し手の態度に関わっている」(epistemic modality concerns the speaker's attitude to the factuality of past or present time situations)。

次の (1) (2) はdynamic modalityの，(3) (4) はdeontic modalityの，(5) (6) はepistemic modalityの例である。

(1) 彼は泳げない。
(2) この本をあげよう。
(3) こっちへ来い。
(4) 芝生に入るな。
(5) 雪が降るだろう。
(6) 彼は知らなかったにちがいない。

第1章　モダリティに関する基礎概念と多様な考え方

2.3. 文法化と文法化の経路

Hopper & Traugott（2003: 18）によれば，文法化は，次のように定義されている。

　語彙項目や語彙的構造がある言語学的文脈において文法的機能を持つようになるという変化のことであり，一度文法化されると，新しい文法的機能へと発展しつづけること①（...the change whereby lexical items and constructions come in certain linguistic contexts to serve grammatical functions and, once grammaticalized, continue to develop new grammatical functions.）。

(Hopper & Traugott 2003: 18)

　文法化研究は，言語の変化を究明することができる。ただし，文法化研究は，「単に記述的な文法変化を明らかにすることにとどまらず，さらに言語類型論的な視点から，世界の言語にどのような文法変化のパターンがあるのかを明らかにすることが目指される」（玉地 2008: 61）。このような，言語類型論的な視点を取り入れた文法化研究は，膨大な言語データに基づいて，多くの言語における文法変化のパターン，つまり文法化の経路を考察することになる。

　モダリティ表現に関しては，よく知られているように，「DYNAMIC MODALITY＞DEONTIC MODALITY」（「＞」は，左から右への変化を表す）や「DEONTIC MODALITY＞EPISTEMIC MODALITY」のような文法化の経路がある。この2つは，一般的なものであるが，Heine & Kuteva（2002）によると，「ABILITY＞PERMISSIVE」，「ABILITY＞POSSIBILITY」，「DEONTIC MODALITY＞FUTURE」，「FUTURE＞EPISTEMIC MODALITY」，「OBLIGATION＞FUTURE」，「OBLIGATION＞PROBABILITY」，「WANT（'want', 'wish', 'desire'）＞FUTURE」のような，より具体的な文法化の経路もある②。

3. モダリティに対する考え方の多様性

　日本語研究では，モダリティという用語を用いる研究は，古い歴史がある（山岡（2000：69-78），田野村（2004：215-234），黒滝（2005：39-73）参照）。山岡（2000：73）によれば，日本語研究に最初にmodalityという用語を用いたのは，Uyeno（1971）である[③]。1971年からすでに50年近く経過している。長い研究の歴史の中で，モダリティに対する多様な考え方が出てきている。本節では，それらの考え方を概観する。

3.1. 2つのモダリティ論

　モダリティに対する多様な考え方があるが，それらの根本的な違いは，モダリティ論にある（田野村（2004：215-234），黒滝（2005：39-73），宮崎（2002a：1-7）参照）。田野村（2004：217）は，日本語研究におけるモダリティ論について次のような指摘をした。

　　モダリティの論は数多いが，モダリティをどのようなものと捉えるかということについて特徴的な見解を積極的に打ち出しているものとしては，話者の発話時の心的態度を表すとされるさまざまな文要素——終助詞，助動詞，取り立て助詞等々——を一括してモダリティの表現として捉え，「文＝命題＋モダリティ」という図式に則って文法を考えようとする仁田義雄，益岡隆志らに代表される立場と，考察の対象を"非現実の領域に位置する事態を語るときに用いられる述定形式"に限定し，それらの形式の表す意味をモダリティと定義しようとする尾上圭介の立場とが挙げられる。

　　　　　　　　　　　　　　　　　　　　　　　　（田野村 2004：217）

　黒滝（2005：49）も，日本語研究における「階層的モダリティ論（主観表現論）」と「非現実事態陳述モダリティ論」の2つの立場の存在を指摘して

第1章 モダリティに関する基礎概念と多様な考え方

いる。この2つの立場は，それぞれ田野村（2004: 217）の「仁田義雄，益岡隆志らに代表される立場」と「尾上圭介の立場」に相当する。

　現在の日本語研究には，管見の限りでは，モダリティ論をめぐって2つの相対する立場があると思われる。1つは，「モダリティとは，現実の関わりにおける，発話時の話し手の立場からした，言表事態に対する把握のし方，および，それらについての話し手の発話・伝達的態度のあり方の表し分けに関わる文法的表現である」（仁田 1991: 18）とする「階層的モダリティ論（主観表現論）」（中略）。もう1つは「モダリティ形式とは非現実の領域に位置する事態を語るときに用いられる述定形式であり，モダリティとは，モダリティ形式を用いて話者の事態に対する捉え方をその事態に塗り込めて語るときにその事態の一角に生ずる意味であると見る」（尾上 2001: 442）という「非現実事態陳述モダリティ論」である。

（黒滝 2005: 49）

3.2. 異なるモダリティの定義

　モダリティの定義は，モダリティ論によって異なることはもちろんであるが，以下の益岡（1990: 74）と仁田（1991: 18）の定義を比べればわかるように，同じ立場に立つ研究者の間でも，一定しない。

・益岡（1990: 74）：「モダリティ」とは，主観性の言語化されたものである，というのが規定の基本となる。言い換えれば，客観的に把握される事柄ではなく，そうした事柄を心に浮かべ，ことばに表す主体の側にかかわる事項の言語化されたものである，ということである。本稿では，広義の「モダリティ」を，「判断し，表現する主体に直接かかわる事柄を表す形式」と規定しておく。

・仁田（1991: 18）：〈モダリティ〉とは，現実との関わりにおける，発話時の話し手の立場からした，言表事態に対する把握のし方，および，それらについての話し手の発話・伝達的態度のあり方の表し分けに関わる文法的表現である。

3.3. 各種の考察対象

モダリティ論，モダリティの定義の違いによって先行研究で考察対象とされてきたものが異なることは，想像できる。山岡（2000: 70-71）によれば，これまでの日本語モダリティの研究では，考察対象として，①文末形式（命令形などの動詞活用，助動詞，終助詞など），②非文末形式（文中に表れる陳述副詞，副助詞など），③主観性を持った実質語（感情形容詞など），④文機能＝文類型，⑤発話機能などが挙げられる（黒滝（2005: 46）も参照のこと）。ほとんどの先行研究は，①を考察対象としているが，②～⑤のいずれを考察対象とするかは異なることがある。たとえば，①以外には，Uyeno（1971）と中右（1979）は②を，仁田（1991）は③④を，益岡（1991）は④を考察している。

3.4. 多義性と非多義性

英語の法助動詞は，1つの形式で幾種類ものモダリティを表現することができる。たとえば，(7) のmustはdeontic modalityの意味を，(8) のmustはepistemic modalityの意味を表している。(9) のcanはdeontic modalityの意味を，(10) のcanはdynamic modalityの意味を表している。

(7) John *must* be home by ten; Mother won't let him stay out any later.（ジョンは10時までに家に帰らなければならない。お母さんは遅くまで外にいることを許さないから。）

(8) John *must* be home already; I see his coat.（ジョンはきっと家

第1章 モダリティに関する基礎概念と多様な考え方

にいるに違いない。私は彼のコートを見たからだ。）

(Sweetser 1990: 49)

(9) He *can* come in now.（彼は今入ってもよい。）

(10) He *can* run a mile in under four minutes.（彼は1マイルを4分以内で走ることができる。）

(Palmer 2001: 89)

　こうしたモダリティ表現の多義性は，英語に限ったことではない。Sweetser（1990: 49）によれば，印欧諸語，セム系諸語，フィリピン諸島の諸言語，ドラビダ諸語，マヤ語諸語，フィン・ウゴル諸語などの言語には，モダリティ表現の多義性が見られる（Palmer（1986: 121-125; 2001: 86-89）も参照のこと）。中国語においても，「一定」，「応該」，「得」，「准」，「会」，「能」など，数多くのモダリティ表現が多義性を持っている。たとえば，(11)の「会」はdynamic modalityの意味を，(12)の「会」はepistemic modalityの意味を表している。(13)の「得」はdeontic modalityの意味を，(14)の「得」はepistemic modalityの意味を表している。

(11) 他不但会滑雪，也会溜冰。（彼はスキーができるだけでなく，スケートもできる。）

(12) 学習那么用功，一定会考上好大学。（あんなに一生懸命勉強しているのだから，きっといい大学に受かるだろう。）

(13) 我得去一趟。（私は一度行かなくてはならない。）

(14) 要不快走，我们就得迟到了。（さっさと歩かないと遅刻してしまうよ。）

（『中日辞典　第2版』）

英語や中国語に比べれば，日本語の場合，1つのモダリティ表現は，単一のモダリティ的な意味しか表さない傾向がある。たとえば，基本的には，「しなさい」，「てくれ」，「といい」，「てもいい」，「てはいけない」，「なければならない」などはdeontic modalityの意味のみを表し，「だろう」，「かもしれない」，「にちがいない」，「はずだ」，「ようだ」，「（し）そうだ」などはepistemic modalityの意味のみを表している。これによって，黒滝（2005: 95）は，「日本語にはいわゆるdeontic的なmodalityとepistemic modalityとで異なる類型があり，両者間に「意味的拡張」や「多義性」といった関連性は少ない」とし，日本語のモダリティ表現の非多義性を主張している④。

ただし，日本語には，「う」や「まい」のような，多義的なモダリティ表現もある。たとえば，「う」には，「話し手の意志，決意を表わす」，「相手に対する勧誘，または命令的な意を表わす」，「現在，または未来の事柄について，話し手の推量を表わす」などの意味がある（『日本国語大辞典 第2版』）。話し手の推量を表す「う」が徐々に「だろう」にとって替られている（佐伯 1993）ものの，「う」は，dynamic modality, deontic modality, epistemic modalityの意味を表しているという多義性を持っていると考えられる（澤田（2006: 70-73）も参照のこと）。

3.5. 単義的アプローチと多義的アプローチ

多義的なモダリティ表現に関しては，1つのモダリティ表現に1つの中核的（core）あるいは基本的（basic）な意味があるという考え方に基づいて意味分析を行う研究アプローチ，つまり単義的アプローチがある。たとえば，Groefsema（1995: 62）は，単義的アプローチをとって，can, may, must, shouldの基本的な意味を下記のように記述している（p=法助動詞を除いた部分で表現された命題）。

Can: *p* is compatible with the set of all propositions which have a bearing on *p*. （pは，pとかかわりのあるあらゆる命題の集合と両立可能である。）

May: There is at least some set of propositions such that *p* is compatible with it. （pが両立可能な命題の集合が少なくともいくらかはある。）

Must: *p* is entailed by the set of all propositions which have a bearing on *p*. （pは，pとかかわりのあるあらゆる命題の集合によって含意される。）

Should: There is at least some set of propositions such that *p* is entailed by it. （pが含意される命題の集合が少なくともいくらかはある。）

（Groefsema 1995: 62）（日本語訳は澤田（2006: 179）による）

単義的アプローチと異なる研究アプローチは，1つのモダリティ表現に2つ以上の意味があると考える多義的アプローチである[5]。規範文法と記述文法の研究では，多義的アプローチをとるものが圧倒的に多い。

4. 本書の基本的立場

前節でモダリティに対する多様な考え方を概観した。ここでは，本書の基本的立場を述べる。

4.1. モダリティ論，モダリティの定義および考察対象

すでに述べたように，本書は，従来の研究を踏まえつつも，原点に立ち帰って必要最小限の範囲で日本語モダリティを再考してみたい。したがって，筆者なりのモダリティ論は，現在模索中であると言うことになる。

本書では，モダリティの定義を次のように規定する。

モダリティとは，話し手が事態や命題，聞き手に関わっている様式，あるいは，主体が動作や状態に関わっている様式を表すものである。

なお，本書では，考察対象を有標的な文末形式のみに限定している。

4.2. 多義性と多義的アプローチ

3.4節で述べたように，日本語に「う」や「まい」のような，多義的なモダリティ表現があるので，本書では，日本語のモダリティ表現の多義性を認めている。さらに，こうした多義的なモダリティ表現は，モダリティの可能な「意味の型」を示してくれるので，日本語モダリティの体系の構築に役立つと考えている。たとえば，「う」の「話し手の意志，決意を表わす」の意味，「相手に対する勧誘，または命令的な意を表わす」の意味，「現在，または未来の事柄について，話し手の推量を表わす」の意味は，dynamicな意味，deonticな意味，epistemicな意味，という3種類の「意味の型」を示してくれる。このような「意味の型」は，日本語モダリティの分類の参考となる。

また，本書では，モダリティ表現の意味分析にあたって，多義的アプローチをとる。

5. 本書の構成

本書は，2部9章から構成されている。第1部「モダリティの体系」では，日本語のモダリティの体系を論じる。そのために5つの章を立てることにする。第1章，すなわち本章では，本書の目的，モダリティに関する基礎概念や多様な考え方，本書の基本的立場について略述した。第2章では，関与という概念に基づいて，日本語のモダリティの分類を行う。第3章から第5章では，第2章で提案されるモダリティの下位類のうちの，「主体関与型モダリティ」，「事態関与型モダリティ」，「命題関与型モダリティ」について，

第1章　モダリティに関する基礎概念と多様な考え方

個別に検討を加える。

　第2部「認識のモダリティ表現の諸相」では，「だろう」，「かもしれない」，「はずだ」，「ようだ」，「らしい」，「（し）そうだ」など，認識のモダリティ表現を取り上げて考察する。第6章では，「だろう」の「推量」の意味について考える。第7章では，「かもしれない」の諸用法を観察する。第8章では，推論の様式に焦点を当てて「はずだ」を検討する。第9章では，証拠性の観点から「ようだ」，「らしい」，「（し）そうだ」について論じる。

　本書の構成は，以上の通りである。なお，本書は，筆者の以下の論文を下敷きにして，現在の筆者の観点から大幅な加筆・修正を施したものである。

- 「ダロウと「吧ba」の対照研究─言語行為論の立場から─」，杏林大学修士学位論文．（2006）
- 「認識的モダリティの再定義─「だろう」と「推量」から見る認識的モダリティ─」，『大学院論文集』5．（2008a）
- 「ハズダと認識的モダリティのための認知心理的な分析モデル」，『言語と交流』11．（2008b）
- 「「かもしれない」の諸相」，『大学院論文集』6．（2009）
- 「モダリティ分類の一試案─文法化の研究成果と「関与」の概念による─」，『言語と交流』13．（2010a）
- 《日语情态表达的语法化路径──常见语法化路径的反例》，《日语学习与研究》6．（2010b）
- 「日本語の証拠性表現─証拠存在明示とソース明示─」，『大学院論文集』8．（2011a）
- 「モダリティの体系と認識のモダリティ」，杏林大学博士学位論文．（2011b）

第1章の注

① 日本語訳は，Hopper & Traugott (2003) の初版の訳本 (Hopper, P. J. and E. C. Traugott. (1993). *Grammaticalization* (1st ed.). Cambridge University Press. 日野資成（訳）(2003)『文法化』九州大学出版会.) による。

② Heine & Kuteva (2002) によれば，これら以外にも，「ARRIVE ('arrive at', 'reach')＞ABILITY」，「DO ('to do', 'to make')＞OBLIGATION」，「GET ('to get', 'to receive', 'to obtain')＞ABILITY」，「GET ('to get', 'to receive', 'to obtain')＞OBLIGATION」，「GET ('to get', 'to receive', 'to obtain')＞PERMISSIVE」，「GET ('to get', 'to receive', 'to obtain')＞POSSIBILITY」，「KNOW＞ABILITY」，「LEAVE ('to leave', 'to abandon', 'to let')＞PERMISSIVE」，「MIRATIVE＞EVIDENTIAL, INFERENTIAL」，「SUITABLE ('to be sufficient, enough', 'to be fitting', 'to be suitable')＞ABILITY」，「SUITABLE ('to be sufficient, enough', 'to be fitting', 'to be suitable')＞OBLIGATION」などのモダリティ表現の文法化の経路がある。

③ ちなみに，中右 (1999: 28) によれば，「英語のmodalityが日本語の「モダリティ」として市民権を得た」のは，中右 (1979) に端を発している。

④ 玉地 (2008: 64-65) でも，「日本語のモダリティにおいては「行為拘束的モダリティ」と「認識的モダリティ」の間に多義性が存在しない」とされている。

⑤ モダリティ表現の多義性と非多義性，単義的アプローチと多義的アプローチの詳細については，黒滝 (2005: 75-95)，岡本 (2005: 11-21)，澤田 (2006: 165-190) などを参照されたい。

第2章

関与とモダリティの分類

 1. 第2章の内容

本章では，日本語のモダリティの分類を行う。まず，先行研究におけるモダリティの分類を概観して，モダリティの分類に対する捉え方の違いを見る。次に，関与という概念を提示して，関与の下位分類について述べる。そして，関与に基づいて，日本語のモダリティの分類を行う。最後に，モダリティの主観性・客観性を検討する。

 2. 先行研究におけるモダリティの分類

本節では，英語学・言語類型論におけるモダリティの分類と日本語学・日英対照言語学におけるモダリティの分類を概観し，その上で，モダリティの分類に対する英語学のモダリティ研究と日本語学のモダリティ研究の捉え方の違いを見てみたい。

以下の表1は，英語学・言語類型論におけるモダリティの分類であり[1]，表2は，日本語学・日英対照言語学におけるモダリティの分類である。

表1　英語学・言語類型論におけるモダリティの分類

Lyons 1977	Deontic modality	
	Epistemic modality	
Coates 1983	Root modality	
	Epistemic modality	
Bybee & Pagliuca 1985	Agent-oriented modality	
	Epistemic modality	
Quirk *et al.* 1985	Intrinsic modality	
	Extrinsic modality	
Palmer 1987; 1990	Dynamic modality	
	Deontic modality	
	Epistemic modality	
Sweetser 1990	Root modality	
	Epistemic modality	
	Speech-act modality	
Halliday 1994	Modulation	Obligation
		Inclination
	Modalization	Probability
		Usuality
Palmer 2001	Event modality	Dynamic modality
		Deontic modality
	Propositional modality	Epistemic modality
		Evidential modality
Huddleston & Pullum 2002	Dynamic modality	
	Deontic modality	
	Epistemic modality	

第2章 関与とモダリティの分類

表2 日本語学・日英対照言語学におけるモダリティの分類

仁田 1991	言表事態めあてのモダリティ	待ち望み，判断
	発話・伝達のモダリティ	働きかけ，表出，述べ立て，問いかけ
	副次的モダリティ	
益岡 1991	判断系のモダリティ	取り立てのモダリティ，みとめ方のモダリティ，テンスのモダリティ，説明のモダリティ，価値判断のモダリティ，真偽判断のモダリティ
	表現系のモダリティ	表現類型のモダリティ，ていねいさのモダリティ，伝達態度のモダリティ
中右 1994	Sモダリティ（命題態度）	真偽判断のモダリティ，判断保留のモダリティ，是非判断のモダリティ，価値判断のモダリティ，拘束判断のモダリティ
	Dモダリティ（発話態度）	談話（テクスト）形成のモダリティ，発話様態のモダリティ，情報取り立てのモダリティ，対人関係のモダリティ，感嘆表出・慣行儀礼のモダリティ
日本語記述文法研究会 2003	文の伝達的な表し分けを表すモダリティ	表現類型のモダリティ
	事態に対するとらえ方を表すモダリティ	評価のモダリティ，認識のモダリティ
	先行文脈と文との関係づけを表すモダリティ	説明のモダリティ
	聞き手に対する伝え方を表すモダリティ	伝達のモダリティ
澤田 2006	命題的	言語行為的，態度的
	事象的	力動的，存在的，束縛的
益岡 2007	判断のモダリティ	真偽判断のモダリティ，価値判断のモダリティ
	発話のモダリティ	発話類型のモダリティ，対話のモダリティ
	特殊なモダリティ	説明のモダリティ，評価のモダリティ
仁田 2009	事態めあてのモダリティ	認識のモダリティ，（当為的な）評価のモダリティ，意志願望的把握
	発話・伝達のモダリティ	発話機能のモダリティ，丁寧さ，述べ方

英語学のモダリティ研究と日本語学のモダリティ研究は，異なった源を持っている。前者の研究源は，様相論理学（modal logic）であり，後者の研究源は，山田孝雄，時枝誠記，渡辺実の流れを持つ陳述論である（湯本 2004: 12）（山岡（2000: 69-72），黒滝（2005: 39-49）も参照のこと）。このような英語学のモダリティ研究と日本語学のモダリティ研究とは，著しい違いがあるわけであるが，ここでは，モダリティの分類に関する違いを3つ挙げてみよう（さらに，湯本（2004: 9-19）参照）。

　1つ目は，日本語学のモダリティ研究が文機能（文類型）をモダリティとして捉えていることである。たとえば，仁田（1991）の「発話・伝達のモダリティ」，益岡（1991）の「表現類型のモダリティ」，日本語記述文法研究会（2003）の「文の伝達的な表し分けを表すモダリティ」である。英語学のモダリティ研究は，一般に，文機能（文類型）のモダリティを認めていない[2]。

　2つ目は，日本語学のモダリティ研究が「話し手と聞き手とのinteraction」（湯本 2004: 21）をモダリティに取り込んでいることである。たとえば，仁田（1991）の「副次的モダリティ」の一部，益岡（1991）の「ていねいさのモダリティ」，「伝達態度のモダリティ」，日本語記述文法研究会（2003）の「聞き手に対する伝え方を表すモダリティ」である。このタイプのモダリティは，「話し手と聞き手との相互関係維持・構築」（湯本 2004: 21）を表すものである。だが，英語学のモダリティ研究は，それを主な分類としていない。

　3つ目は，一般に，日本語学のモダリティ研究がdynamic modalityの下位類である可能のモダリティを認めていないことである[3]。日本語学においては，可能のモダリティ表現は，従来，動詞の可能態として扱われている。

3. 関与によるモダリティの分類

　本節の目的は，関与という概念を提示して，先行研究を踏まえて日本語のモダリティの分類を行うことである。

第2章 関与とモダリティの分類

3.1. 関与とは
3.1.1. 話し手の関与

話し手は，思考をことばにして，それを聞き手に伝えて理解してもらうというコミュニケーションの役割を担っている。その上さらに，話し手が何らかの形で事態や命題，聞き手などに関わることができる。本書では，このような話し手の関わりを話し手の関与と呼ぶことにする。これには，事態関与，命題関与，相互関与の3種類がある。

3.1.1.1. 事態関与

事態関与とは，(1)(2)が示すように，話し手が事態の提起者（最初に事態の実行・実現を求めた人）や規範の判定者として，事態に関わることである。

(1) 「そうか。じゃその奥さんでいいから，<u>これを持って行って上げてくれ。</u>そうしてね，もしお差支えがなければちょっとお目にかかりたいって」
「へえ」
下女はすぐ果物籃を提げて廊下へ出た。

(夏目漱石『明暗』)

(2) 次の時間の授業の始まる前に，校長は生徒を第一教室に集めた。かれは卓のところに立って，新しい教員を生徒に紹介した。
「今度，林先生とおっしゃる新しい先生がおいでになりまして，皆さんの授業をなさることになりました。新しい先生は行田のお方で，中学のほうを勉強していらしって，よくおできになる先生でございますから，<u>皆さんもよく言うことを聞いて勉強するようにしなければなりません</u>」

(田山花袋『田舎教師』)

（1）では，雇用主である話し手が提起者と判定者として，下女の「これを持って行って上げる」という行為に関わっている。（2）では，校長である話し手が判定者として，生徒の「よく言うことを聞いて勉強するようにする」という行為に関わっている。

　ここで規範，および判定者の概念について，簡単に説明しておきたい。本書では，規範という概念を，自然界に関する法則，社会的な道徳・法・慣習，団体や組織の規則，家族のルール，物事の方法・手順・計画，さらに個人的な考え・好悪・意向を含んだ，行為要求や事態評価のよりどころとなる基準と広義に捉えている。判定者とは，自ら規範を定めたり（または，地位や職務，状況からすれば，あたかも自ら規範を定めたり），既存の規範に訴えたりして，それに照らして行為を実行すべきかどうか，事態の実現が望ましいかどうかなどを最終的に判断する立場にある人である。

　なお，本書では，規範の言及者という概念を用いることがある。規範の言及者とは，行為を実行すべきかどうか，事態の実現が望ましいかどうかなどという，第三者が規範に基づいて下した判断，あるいは既存の規範そのものを取り上げる人である。

3.1.1.2. 命題関与

　そして，命題関与とは，（3）（4）が示すように，話し手が推論者として既存命題から新しい命題を導き出したことで，命題に関わることである。ここで言う「推論」とは，演繹推理，帰納推理，類推などを含む，新しい命題を導き出す心的過程をさしている。

（3）「読売の記者はいつお伺いしたでしょうか？」
　　　と尋ねました。
　　　「昨日の午後でした」
　　　<u>昨日の午後ならば，あの記事は今日の新聞に出たにちがいない。</u>こう思って電車停留場へ来ますと向かい側に新聞取次店があったの

第2章 関与とモダリティの分類

で，転ぶようにその店へ入って，『読売新聞』を買いました。広げて見ると，第三面の下から三段目に，切り抜きどおりの記事がありました。

(小酒井不木『紅色ダイヤ』)

(4)　「どうも登志子は熱があるらしい。顔が赤い」
　　　などと，赤ちゃんの顔に彼の額をくっつけている加藤を見て，さわは，
　　　「文太郎さん，赤ちゃんは顔が赤いから赤ちゃんっていうんですよ」
　　　とたしなめたことがあった。

(新田次郎『孤高の人』)

　(3)では，話し手が推論者として「読売の記者が来たのは昨日の午後だった」などの既存命題から「あの記事は今日の新聞に出た」という新しい命題を導き出したことで，命題に関わっている。(4)では，話し手が推論者として「登志子の顔が赤い」などの既存命題から「登志子は熱がある」という新しい命題を導き出したことで，命題に関わっている。

3.1.1.3.　相互関与

　また，相互関与とは，(5)(6)(7)(8)が示すように，聞き手との上下関係や親疎関係による丁寧さの有無・程度，聞き手との間の認識の一致・不一致を意識したことで，話し手が聞き手に関わることである。

(5)　「毎日，たいへんですね。」
　　　「ええ，疲れますわ。」

(太宰治『渡り鳥』)

(6)　「お前は飛行出来るかな？」
　　　或る時秀吉が五右衛門に訊いた。
　　　「自由自在でございます」
　　　これが五右衛門の返辞であった。

(国枝史郎『五右衛門と新左』)

(7)　「健ちゃん！蛙がいるよ。」
　　　「蛙？どら，どこにいる？」
　　　「ほら，その桶のそばにつくばっているよ。」

（林芙美子『蛙』）

(8)　「それから，どうした？」
　　　「どうって，それっきりさ，まだ未解決のままなんだ。」
　　　「未解決だって，それじゃ困るね。」
　　　「ああ困るよ。」

（豊島与志雄『白日夢』）

　(5) (6) では，話し手が聞き手との上下関係や親疎関係による丁寧さの有無・程度を意識したことで，聞き手に関わっている。(7) (8) では，話し手が聞き手との間の認識の一致・不一致を意識したことで，聞き手に関わっている。

3.1.2. 主体の関与

　一方，(9) (10) (11) (12) のような発話では，事態関与，命題関与，相互関与とは別に，主体の関与が見られる。主体の関与とは，事態の主体が能力や可能，意志による事態の実現に関わることである。

(9)　「（前略）あなた方，雑炊食堂の雑炊ってご存知？こないだ女中がバケツに一杯買ってきたの。あれ暖かくするとおいしいものよ。どろどろしていて，つるつるっていくらでも食べられるわ」
　　　たしかに荒井千恵子は身体に似あわぬ大食漢で，もの選びをせずどんなものでも嬉々として食べた。

（北杜夫『楡家の人びと』）

(10)　富士山は雲がかかれば見えないし，ゲイシャに会うことは金がかかりすぎる。しかし，新幹線は日本に観光に来たどの外人も乗ること

　　　　　　　　　　　　　　　　　　　　　第2章　関与とモダリティの分類

ができる。
　　　　　　　　　　　　　　　　　　（曽野綾子『太郎物語－大学編－』）
(11)　ダスティン船長は，カメラに向かって手をふって，いった。
　　「もうすこし，自動販売機に近づいて調べてみよう」
　　ダスティン船長は二歩三歩，販売機に歩みよった。
　　　　　　　　　　　　　　　　　　　　　（井上ひさし『ブンとフン』）
(12)　「柳生の婆さんだ。いや，当時はまだそれほど婆さんじゃなかったがね。あの人は家が近くだったから，いちばん頼央さんたちと親しかった。会って話を聞くつもりなら，これからつれて行ってあげようか。地主屋敷の跡の倉庫だとか，頼央さんの住んでいた文化住宅も見とけばいいよ」
　　木下が立ちあがりかけたので七瀬はあわてた。この男が横にいたのでは聞きたい話も聞けなくなる。
　　（中略）
　　「じゃ，明日柳生の婆さんに会いに行けばいい。地図を書いてあげよう」
　　頼央が住んでいた附近と柳生家への地図を書いてもらい，礼を述べて木下の家を出ようとした時，もと警官が野太い声で七瀬を呼びとめた。
　　　　　　　　　　　　　　　　　　　　（筒井康隆『エディプスの恋人』）

　(9)(10)では，主体「荒井千恵子」，「外人」が能力や可能による食べること，乗ることの実現に関わっている。(11)(12)では，主体「ダスティン船長」，「木下」が意志による調べること，書くことの実現に関わっている。

3.2.　モダリティの分類
　以上，関与という概念を提示して，その下位類である話し手の関与，主

体の関与について述べてきた。ここでは，関与に基づいて，日本語のモダリティの分類を行うことにする。

　まず，日本語のモダリティを主体関与型モダリティ，事態関与型モダリティ，命題関与型モダリティ，相互関与型モダリティの4種類に大別する。

3.2.1. 主体関与型モダリティ

　主体関与型モダリティは，可能のモダリティと意志のモダリティに分けられる。可能のモダリティとは，主体が事態を実現する能力や可能を表すものである（（13）（14）（15））。意志のモダリティとは，事態を実現する主体の意志を表すものである（（16）（17）（18））。可能のモダリティと意志のモダリティは，動詞未然形＋助動詞「れる・られる」，「できる」（名詞＋「できる」，名詞＋「ができる」，動詞連体形＋「ことができる」），動詞の非過去形「する」，動詞の意志形「しよう」，「つもりだ」のような表現によって表される。

(13)　「アメリカやイギリスの子供の使っている言葉ぐらい，日本の子供だって，おぼえられます」

（三浦綾子『塩狩峠』）

(14)　登美子の側でもしもその事に不満があれば，民法第七百八十七条によって認知の訴えを起すことになる。必要とあれば裁判所は人事訴訟手続法第三十一条二項の規定にしたがい，職権を以て証拠調べをすることもできる。

（石川達三『青春の蹉跌』）

(15)　二階の私の部屋からは広場をそっくり見おろすことができる。

（開高健『巨人と玩具』）

(16)　「明日は，私，学校へ行くわ」
　　　「じゃ，僕も行こう」

（曽野綾子『太郎物語－大学編－』）

(17) 「僕が持っていて上げよう」

　　「いいわ……いつもひとりでするんですから」

(堀辰雄『美しい村』)

(18) 「おいおい加藤君，あまりひとをからかうものではない。明日発つのか，冬だというからおれは，一月か二月と思っていた。十一月のなかばならば，それほど危険なこともあるまい」

　　「いや，行くのは一月です。今度のは，偵察山行です。一応，厳冬期に通る道を，歩いて来るつもりです」

(新田次郎『孤高の人』)

主体関与型モダリティでは，主体が事態の実現に関わっている。

3.2.2. 事態関与型モダリティ

事態関与型モダリティは，行為要求のモダリティと事態評価のモダリティに分けられる。行為要求のモダリティとは，行為の実行を命じたり，頼んだりすることを表すものである（(19)　(20)　(21)）。事態評価のモダリティとは，事態の実現が望ましいかどうかという評価を表すものである（(22)　(23)　(24)）。行為要求のモダリティと事態評価のモダリティは，動詞の命令形「しろ」，「てください」，「なければいけない」，「なければならない」，「てもいい」のような表現によって表される。

(19) 三人の子供は門のあくのをだいぶ久しく待った。ようよう貫木をはずす音がして，門があいた。あけたのは，先に窓から顔を出した男である。

　　（中略）

　　「そう仰ゃいましたが，わたくし共はお願を聞いて戴くまでは，どうしても帰らない積りでございます」

　　「ふん。しぶとい奴だな。とにかくそんな所へ住ってはいかん。

こっちへ来い」

(森鴎外『最後の一句』)

(20) 「二人とも応接間に通せ」
と理一がいうので，女中のつる子が悠一と修一郎を応接間に通した。

(立原正秋『冬の旅』)

(21) 海の方から，若い女が，かごの中にたくさんのたいを入れて，てんびん棒でかついで村の中へはいってきました。
「たいは，いりませんか。たいを買ってください。」と，若い女はいって歩きました。

(小川未明『女の魚売り』)

(22) 「そう，四時まで眠れなかった。時計の音がコチコチいうのが気になってね……」
「それじゃあ，早く家に帰って休まなければいけないな」

(沢木耕太郎『一瞬の夏』)

(23) 「変り者か，それはいい。内燃機関の技術は今のところ行きづまっている。この壁を突き破って前に進むには，変ったものの考え方や設計をしなければならない。おれは変り者大いに歓迎だな，なんという名前かね，あの男は」

(新田次郎『孤高の人』)

(24) 冴子の方は，初め，勉強なんて，ふん，と言った顔をしていたが，それでも鮎太の早起きが続くと，自分は机に対かっている鮎太の横で，いつまでも寝床にもぐり込んでいながら，蒲団から顔だけ出して，
「窓開けてもいいわよ。わたし寒くないわ。その方が気持いいでしょう，富士山が見えて」
そんなことを言った。

(井上靖『あすなろ物語』)

事態関与型モダリティでは，話し手が提起者や判定者として事態に関わっている。

3.2.3. 命題関与型モダリティ

命題関与型モダリティには，認識のモダリティが属している。認識のモダリティとは，話し手が推論者として新しく導き出した命題に関する，推論の証拠，推論の様式，または命題の（不）確実さに対する捉え方を表すものである（(25)(26)(27)(28)）。認識のモダリティは，「だろう」，「かもしれない」，「ようだ」，「らしい」のような表現によって表される。

(25) 雪のため川の水が多く，音を立ててはげしく流れているところも夢とは違っていた。夢の中では川はせせらぎであり，それ故にこそこここへ落ちた，木谷と郵便局員が同一化された夢の中の人物は，たとえ跛をひきながらでも這いあがってくることができたのである。この水嵩では，落ちたりすればたちまち流されてしまう<u>だろう</u>。

（筒井康隆『エディプスの恋人』）

(26) 「今日は何曜日だっけ？」と私は娘に訊いてみた。
「わからないわ。曜日のことなんて考えたことないもの」と娘は言った。
「平日にしてはどうも乗客が少なすぎる」と私は言って首をひねった。「ひょっとして日曜日<u>かもしれない</u>」

（村上春樹『世界の終わり』）

(27) 病院から帰って来ると，ベニが私の万年床に寝ころがっていた。帯も足袋もぬぎ散らかしている。ベニははかなげに天井を見ていた。疲れている<u>ようだ</u>。

（林芙美子『放浪記』）

(28) 店へはいると，四十がらみの男が，灯を入れたはちけんを天床へ吊りあげているところだった。三間に五間くらいの土間に，飯台が二た側，おのおのの左右に作り付けの腰掛が据えられ，蒲で編んだ円座が二尺ほどの間隔をとって置いてある。客が多くてもぎっしり詰めず，ゆとりをおいて飲めるように按配してある<u>らしい</u>。

(山本周五郎『さぶ』)

命題関与型モダリティでは，話し手が命題に関わっている。

3.2.4. 相互関与型モダリティ

相互関与型モダリティは，丁寧さのモダリティと情報認識のモダリティに分けられる。丁寧さのモダリティとは，聞き手との上下関係や親疎関係による丁寧さの有無・程度を表すものである（(29) (30) (31)）。情報認識のモダリティとは，聞き手との間の認識の一致・不一致を表すものである（(32) (33) (34)）。丁寧さのモダリティと情報認識のモダリティは，普通体，丁寧体，「か」，「ね」，「よ」，「の」，「わ」のような表現によって表される。

(29)「いままでとちがい，こんどは，自分で働いて得た金で生活するわけ<u>だ</u>。月給だけでやって行くわけ<u>だ</u>」
理一はにこりともしないで息子に言った。
「はい。やって<u>見ます</u>」

(立原正秋『冬の旅』)

(30)「今夜は如何<u>です</u>」
「今夜は好い心持だ<u>ね</u>」
「これから毎晩少しずつ召上ると<u>宜ござんす</u>よ」
「そうは<u>行かない</u>」

(夏目漱石『こころ』)

第 2 章　関与とモダリティの分類

(31) 「千枚漬はどう<u>した</u>？」

　　「お浪さんの所へ取って<u>貰いました</u>」

　　「七つ<u>あるね</u>」

　　「六つきり<u>取りませんよ</u>」

　　「七つなければ足りない<u>だろう</u>」

　　「四円のを入れたから，一つ減らして丁度いい<u>でしょう</u>」

　　「まあ<u>いい</u>や。何か他の物を廻せば<u>いい</u>」

　　　　　　　　　　　　　　　　　　　　　　（志賀直哉『晩秋』）

(32) 「新宿まで行くんですが，大丈夫でしょうか<u>ね</u>。」

　　「まだ電車も自動車もありません<u>よ</u>。」

　　「勿論歩いて行くんです<u>よ</u>。」

　　　　　　　　　　　　　　　　　　　　　　（林芙美子『放浪記』）

(33) 「君はいい子だ<u>ね</u>。」

　　「どうして？どこがいい<u>の</u>。」

　　「いい子だ<u>よ</u>。」

　　　　　　　　　　　　　　　　　　　　　　（川端康成『雪国』）

(34) 「わたしも知ってる<u>わ</u>」自分のかすれた声を意識しながら七瀬は，向きあって腰かけた「彼」に言った。「あなたは香川智広君<u>ね</u>」

　　「そうだ<u>よ</u>」

　　　　　　　　　　　　　　　　　　　（筒井康隆『エディプスの恋人』）

相互関与型モダリティでは，話し手が聞き手に関わっている。

こうした日本語のモダリティの分類は，表3にまとめられる。

表3 関与による日本語のモダリティの分類

日本語のモダリティの分類		関与の種類	
主体関与型	可能のモダリティ	主体の関与	
	意志のモダリティ		
事態関与型	行為要求のモダリティ	事態関与	話し手の関与
	事態評価のモダリティ		
命題関与型	認識のモダリティ	命題関与	
相互関与型	丁寧さのモダリティ	相互関与	
	情報認識のモダリティ		

4. モダリティの主観性・客観性と話し手の関与

ここまで関与,すなわち話し手の関与と主体の関与に基づいて,日本語のモダリティの分類を行った。話し手の関与によっては,モダリティ研究において極めて重要な概念「主観性・客観性」を説明することもできる。

モダリティ研究においては,主観性と客観性がよく議論されているが,明確に定義せずに使われることが多い。管見では,主観性の明確な定義を提示した研究としては,Lyons(1977;1995)が挙げられる。Lyons(1977:739)は,

話し手が発話する際に,同時に,当該発話についてコメントし,彼の話していることに対して彼の態度を表す(... the speaker, in making an utterance, simultaneously comments upon that utterance and expresses his attitude to what he is saying.)

ということを主観性とし,「後で述べるように,主観性は,epistemic modalityとdeontic modalityの両方を理解するために最も重要な概念である」(This notion of subjectivity is of the greatest importance, as we shall see, for the understanding of both epistemic and deontic modality ...）と述べている。

　Lyons（1995: 337）は，主観性を「発話的主観性」（locutionary subjectivity）と捉えて，次のように定義している。

　　もしポスト・デカルト（およびポスト・カント）の（内的な）主観的な自我／自己と，（外的な）客観的な非我／非自己という区別を無批判に受け入れれば，我々は，発話的主観性は，発話の行為において発話行為者（話し手や書き手，発言者）による彼自身／彼女自身の表出であると言ってもいいが，<u>要するに発話的主観性は，言語の使用における自己表出である</u>。（If we accept uncritically for the moment the post-Cartesian (and post-Kantian) distinction of the (internal) subjective ego, or self, and the (external) objective non-ego, or non-self, we can say of locutionary subjectivity that it is the locutionary agent's (the speaker's or writer's, the utterer's) expression of himself or herself in the act of utterance: <u>locutionary subjectivity is, quite simply, self-expression in the use of language</u>.）

　　　　　　　　　　　　　　（Lyons 1995: 337）（下線は筆者による）

　Lyons（1995）の主観性は，モダリティ研究のみのためではなく，モダリティのほかに，指示，指標性，ダイクシス，時制，アスペクトなどにも関わっている（Lyons（1995: 293-342）参照）。

　本書では，話し手の関与という概念に基づいて，モダリティにおける主観性と客観性を次のように定義しておきたい。

　モダリティにおいては，主観性とは，話し手の関与が含まれていることであり，客観性とは，話し手の関与が含まれていないことである。

主観性と客観性の定義に使われるのみではなく，話し手の関与という概念は，モダリティの主観性と客観性の程度を計る尺度でもある。すなわち，話し手の関与が深ければ深いほど，モダリティは，より主観的であり，話し手の関与が浅ければ浅いほど，より客観的である。

　モダリティの主観性・客観性と話し手の関与の関係については，Coates（1983），澤田（1993；2006），岡本（2005）など，筆者と同じような見解を示している先行研究がある。Coates（1983：32ff.）は，Lyons（1977）の主観性を話し手の関与と捉え直し，法助動詞のdeonticな用法の主観性と客観性を論じている。澤田（1993：191；2006：43）も，話し手の関与の有無を主観性と客観性の区別の基準としている。しかも，関与の深さを主観性の程度を計る尺度と捉えている。岡本（2005：21，24）は，「主観的なモダリティとは，命題内容に対して，話し手の関与が含まれていることを表し，客観的モダリティとは，その反対を表している」とし，「「主観性」や「主観的」と称された用語は，主に話し手の心的態度が関与しているかどうかを表すために使用されてきた」と述べている。

　ただし，これらの先行研究における「話し手の関与」は，しばしば明確に定義されないまま使われているので，本書のものとは必ずしも一致しない。また，本書は，モダリティの主観性・客観性を説明することにとどまらず，話し手の関与を，事態関与，命題関与，相互関与とさらに細分化して，その上で，モダリティの分類を行った。

5. まとめ

最後に，この章で述べたことの要点をまとめておく。

1) モダリティの分類に対する英語学のモダリティ研究と日本語学のモダリティ研究の捉え方は，次の3点で異なると考えられる。第1に，文機能（文類型）である。第2に，「話し手と聞き手とのinteraction」である。第3に，可能のモダリティである。

第2章 関与とモダリティの分類

2) 話し手は，思考をことばにして，それを聞き手に伝えて理解してもらうと同時に，事態や命題，聞き手などにも関わっている。このような話し手の関わりは，話し手の関与と呼ばれる。話し手の関与には，事態関与，命題関与，相互関与の3種類がある。

3) 事態関与とは，話し手が事態の提起者や規範の判定者として事態に関わることである。命題関与とは，話し手が推論者として既存命題から新しい命題を導き出したことで，命題に関わることである。相互関与とは，聞き手との上下関係や親疎関係による丁寧さの有無・程度，聞き手との間の認識の一致・不一致を意識したことで，話し手が聞き手に関わることである。

4) 話し手の関与とは別に，発話では，事態の主体が能力や可能，意志による事態の実現に関わることがある。これは，主体の関与と呼ばれる。

5) 話し手の関与，主体の関与といった概念に基づいて，日本語のモダリティは，主体関与型モダリティ，事態関与型モダリティ，命題関与型モダリティ，相互関与型モダリティに大別される。

6) 話し手の関与という概念によって，モダリティにおける主観性と客観性は，次のように定義することができる。すなわち，主観性とは，話し手の関与が含まれていることであり，客観性とは，話し手の関与が含まれていないことである。

第2章の注

① 表1における各用語の相違については，de Haan（2006：29-32）を参照されたい。
② 中国語学のモダリティ研究においては，賀（1992）や斉（2002）のような，文機能（文類型）のモダリティに相当する「機能語気」のモダリティ——「言語コミュニケーションにおいて文が有する言語機能であり，話し手が文を用いて達成しようとするある種のコミュニケーション目的を表す」（賀

1992：60）——を対象とする研究がある。
③ ただし，玉地（2005：34）は，言語類型論の立場から可能を日本語のモダリティと見なし，その表現として「～える」，「～られる」，「～できる」を挙げた。ナロック（2002：242）も，可能を日本語のモダリティと見なし，可能を表す「～（ら）れる」の意味変化を論じた。

第3章

主体関与型モダリティ
―可能のモダリティと意志のモダリティ―

 1. 第3章の内容

　本章では，主体関与型モダリティの下位類「可能のモダリティ」と「意志のモダリティ」について考察を行う。可能のモダリティについては，可能表現の位置づけ，可能表現の許可や禁止[①]を表す用法を論じる。意志のモダリティについては，「しよう」の意志・勧誘・婉曲な命令の用法，意志のモダリティ表現の文法化を論じる。

 2. 可能のモダリティ

　可能のモダリティとは，主体が事態を実現する能力や可能を表すものである。可能のモダリティ表現は，いわゆる可能表現である。可能表現には，可能動詞，動詞未然形＋助動詞「れる・られる」，「できる」（名詞＋「できる」，名詞＋「ができる」，動詞連体形＋「ことができる」），動詞連用形＋「うる・える」などがある（渋谷 1993: 6）。
　可能のモダリティについては，可能表現の位置づけ，および可能表現の許可や禁止を表す用法という2つの問題を論じる。

2.1. 可能表現の位置づけ

　日本語学のモダリティ研究では，可能表現は，一般に，モダリティ表現とされていない。可能表現の表す能力や可能も，モダリティ的な意味とされていない（第2章の注③参照）。従来の研究においては，可能表現は，動詞の相の1つである可能態の形態として扱われている（松村（編）1971：124・藤井正執筆・「可能」の項）。

　しかしながら，可能表現は，行為要求のモダリティ，事態評価のモダリティ，認識のモダリティの表現と密接な関係がある。モダリティ表現の文法化の経路「DYNAMIC MODALITY＞DEONTIC MODALITY」や「ABILITY＞PERMISSIVE」，「ABILITY＞POSSIBILITY」は，日本語でも見られる。たとえば，渋谷（2005：41-43）では，可能表現から「行為指示形式への変化」（(1)(2)(3)）と，可能表現から「認識のモダリティ形式への変化」（(4)(5)）が指摘されている。

(1) どなたでもお入りになれます（許可，肯定文）
(2) 悪いけど，私のかわりにあした会議に出られない？（依頼，疑問文）
(3) 食べられません（禁止，乾燥剤の注意書きなど，否定文）
(4) そういうこともありうる/起こりうる
(5) 救助隊はそのような場合，いつでも出動しうる

（渋谷 2005：42-43）

　モダリティ研究の体系性を高めるために，可能表現をモダリティ表現に，可能表現の表す能力や可能をモダリティ的な意味に位置づけるほうが妥当であると考えられる。

2.2. 可能表現の許可や禁止を表す用法

　可能表現から「行為指示形式への変化」と「認識のモダリティ形式への変化」については，特に前者について，渋谷（1993：49-57；2005：41-43）が詳しく分析している。ここでは，可能表現で表す許可や禁止の成立条件と，可能表現が許可や禁止を表す動機に触れる。

2.2.1. 可能表現で表す許可や禁止の成立条件

2.2.1.1. 許可や禁止の成立条件

　許可や禁止を行うには，多くの成立条件を満たす必要がある。たとえば，許可の場合，満たすべき成立条件は，次のように挙げられる。

許可の成立条件：
　（a）話し手が聞き手に行為を実行させようと企てている。
　（b）話し手は，自ら定めた規範や既存の規範に照らして，行為の実行が許容されるという判断をした判定者である。（最初に行為の実行を求めた人，つまり提起者は，聞き手である。）
　（c）その行為が聞き手のこれから先の行為である。
　（d）聞き手がその行為を実行することを欲している。
　（e）話し手がその行為の実行を禁じる力を持っている。
　（f）話し手が聞き手にその行為を実行してほしいと思っている。

　これらは，言語行為論に基づいたもの[②]で，どのモダリティ表現もが許可を表す際に共通する成立条件であると考えられる。

2.2.1.2. 可能表現で表す許可や禁止の特有の成立条件

　可能表現で許可や禁止を表すには，どのモダリティ表現もが許可や禁止を表す際に共通する成立条件のほかに，次のような特有の成立条件を必要とする。

可能表現は，字義通りに，可能条件によって左右される能力や可能の意味を表すが，その可能条件が規範を構成することになる。

逆に言えば，可能条件が一種の規範を構成すると，可能表現は，能力や可能でなく，許可や禁止を表すようになる。

ここで言う可能条件とは，ある動作を行うことがなぜ（不）可能である（あった）のかという，その（不）可能であることの制約条件である（渋谷 1993：27）。すなわち，主体が事態を実現する能力や可能は，こうした可能条件によって左右される。可能条件には，様々なタイプがある。渋谷（1993：27-28）では，以下の5つのタイプに分けられている。

（ⅰ）動作主体の心情・性格条件：動作実現のための条件が，主体の心情・性格・勇気などにある場合。
（ⅱ）動作主体の能力条件：動作実現のための条件が，主体のもつ（体力・技術的な）能力にある場合。
（ⅲ）動作主体の内的条件：動作実現のための条件が，主体内部の「一時的な」気分的・肉体的条件にある場合。
（ⅳ）動作主体の外的条件：動作主体の能力いかんにかかわらず，動作実現のための条件が，主体を取り巻く外的世界にある場合。
（ⅴ）動作主体の外的強制条件：動作実現のための条件が動作主体の外部にある点では（ⅳ）の外的条件可能と同じであるが，その外部条件が動作主体の意志の介入を全く許さないかたちで働く場合。

(渋谷 1993：27-28)

それぞれの可能条件の例は，次の通りである。

(6) 夜のお墓なんか，こわくてとても行けない

第3章 主体関与型モダリティ

(7) ぼくは一生懸命勉強したから十分英語が話せる
(8) 今は足に怪我をしているからジョギングはできない
(9) 今日の午前中は別の用事があるからその会合には出席できない
(10) あの山をみるといつも故郷のことが思い出される

(渋谷 1993: 27-28)

以下，(11)(12)を例として，この特有の成立条件を簡単に説明する。

(11) 君は会員だから，この会場に入れるよ。(許可)
(12) おまえは今日宿題で忙しいんだから，泳げないよ。(禁止)

(11)の「入れる」は，字義通りに，能力や可能を表すが，その可能条件「会員である」が一種の規範「会員のみが会場に入場可能」を構成するので，許可を表すこととなる。(12)の「泳げない」は，字義通りに，能力がないことや不可能を表すが，その可能条件「宿題が終わらない」が一種の規範「宿題が終わらなければ，遊んではいけない」を構成するので，禁止を表すこととなる。

ちなみに，可能表現で許可や禁止を表す際には，可能表現が単なる字義通りの能力や可能を表すにもかかわらず，その字義通りの能力や可能を左右する可能条件は，(6)(7)(8)(9)のような正真正銘の能力や可能を左右する可能条件と同じく，異なるタイプに分けられる。たとえば，(11)(12)では，可能条件は，(ⅳ)「動作主体の外的条件」であり，禁止の意味を表す(13)(14)(15)では，可能条件は，それぞれ(ⅰ)「動作主体の心情・性格条件」，(ⅱ)「動作主体の能力条件」，(ⅲ)「動作主体の内的条件」である。

(13) おまえは臆病なんだから，夜のお墓なんか行けないよ

(14) 君は生れつき体が弱いんだから，泳げないよ

(15) 君は今日体調が悪いんだから，泳げないよ

（渋谷 1993：51）

2.2.2. 可能表現が許可や禁止を表す動機

以上，可能表現で表す許可や禁止の成立条件を考察してきた。では，なぜ可能表現が許可や禁止を表すようになるのであろうか。渋谷（1993：52-54；2005：42）は，可能表現が許可や禁止を表す動機は，丁寧さということにあると指摘している。

2.2.2.1. 渋谷の説明

渋谷（1993：52-54）は，まず，「可能文については，それが許可や禁止を述べるものとして用いられる場合には，権力者は話し手であることもあれば，そうでないこともある」と指摘し，「仕事が残っているもの帰るべからず」といった社長命令が出ている状況での発話（(16)）を挙げて「それが社長によってなされた場合には権力者（社長）と話し手が一致する。しかしこれが同僚によってなされた場合には，権力者は同僚ではなくあくまで社長であり，話し手は単なる規則の伝達者にすぎない」と分析している。

(16) 君は仕事が残っているからまだ帰ることはできないよ

（渋谷 1993：53）

その上で渋谷（1993：54）は，次のように許可や禁止を表す可能表現と丁寧さとの関係について述べている。

（前略）話し手がある行為を行うことを聞き手に要求するということは，聞き手に行為を押し付けることになって聞き手のメンツ（face: Brown & Levinson 1987）を潰すことになる。そこで話し手自身が実質的

第 3 章　主体関与型モダリティ

には行為を指示することにコミットしながらもあくまでコミットしていないかのようにふるまうことのできる表現があれば望ましい。それを用いることによって相手のメンツを潰す押し付けがましさを取り除くことができるからである。そのような目的にかなう都合のいい表現が，権力者が話し手に限られる必要のない可能表現であった，と考えるのである。ここで可能表現は行為指示のための一種の丁寧表現となるわけで，その機能を同じくするほかの諸表現と役割を分担することになる。

（渋谷 1993：54）

　渋谷の説明は，次のように整理できよう。つまり，「話し手自身が実質的には行為を指示することにコミットしながらもあくまでコミットしていないかのようにふるまうことのできる表現」は，「相手のメンツを潰す押し付けがましさを取り除くことができる」。そして，可能表現が「一種の丁寧表現」としてそのような目的にかなうのは，可能表現が許可や禁止を表す場合には，（16）のように，「権力者が話し手に限られる」必要がない，本書の用語で言えば話し手が規範の判定者であったり，言及者であったりするからである。

2.2.2.2. プロファイルの観点からの説明

　しかし，筆者は，可能表現が「相手のメンツを潰す押し付けがましさを取り除く」という目的にかなうのは，根本的には，許可や禁止を表す場合に，可能表現は，規範（＝可能条件）をプロファイルして（profile（動詞））許可や禁止の理由が規範（＝可能条件）そのものであるかのようにすることができるからであると考える。

　プロファイルは，認知言語学の用語である。Evans ＆ Green（2006：41）によれば，人間は，注意という認知能力，および注意を事態の一側面からほかの側面に移すという認知能力を持っているが，同じく，言語は，注意を言語化される事態のある側面に向けさせる方法を持ってい

る（A very general cognitive ability that human beings have is attention, together with the ability to shift attention from one aspect of a scene to another. ... Similarly, language provides ways of directing attention to certain aspects of the scene being linguistically encoded.）。このような言語に現れる能力は、プロファイリング（profiling）と呼ばれている。言語表現が注意を事態の一側面に向けさせることは、すなわち、言語表現が事態の一側面をプロファイルすることである。たとえば、(17)では、能動態は、動作主（agent）、受動者（patient）、動作主から受動者へのエネルギーの移行（energy transfer）をプロファイルし、(18)では、受動態は、受動者、エネルギーの移行をプロファイルしている（Evans & Green 2006: 42）。

(17) The boy kicks over the vase.（その少年は花瓶をけ飛ばす。）
(18) The vase is kicked over.（花瓶はけ飛ばされる。）

(Evans & Green 2006: 41)

このようにプロファイルされる側面は、プロファイル（profile（名詞））と呼ばれ、事態のすべての側面は、基盤（base）と呼ばれている。

同じく、可能表現も、事態の一側面をプロファイルすることができる。許可や禁止を表す場合に、可能表現によってプロファイルされるのは、規範（＝可能条件）であると考えられる。

具体的に言うと、話し手が規範の判定者の場合には、行為、行為者（＝聞き手）、規範（＝可能条件）、判定者（＝話し手）が基盤を構成しており、可能表現は、規範（＝可能条件）をプロファイルして注意をそれに移させる。そして、話し手が規範の言及者の場合には、行為、行為者（＝聞き手）、規範（＝可能条件）、判定者（＝話し手以外の第三者）、言及者（＝話し手）が基盤を構成しており、可能表現は、上の場合と同じく、規範（＝

可能条件）をプロファイルして注意をそれに移させる。

　このように注意を規範（＝可能条件）に移させることによって，許可や禁止の理由は，規範の判定者としての話し手でもなく，言及者としての話し手でもなく，規範（＝可能条件）そのものの存在であるように見え，発話の丁寧度も上げられる。

　すなわち，話し手が規範の判定者の場合であれ，単なる言及者の場合であれ，許可や禁止を表す可能表現は，規範（＝可能条件）をプロファイルして，許可や禁止の理由が話し手でなく規範（＝可能条件）そのものであるかのようにして，「一種の丁寧表現」として「相手のメンツを潰す押し付けがましさを取り除く」ようになるのである。

3. 意志のモダリティ

　意志のモダリティとは，事態を実現する主体の意志を表すものである。意志のモダリティ表現には，動詞の意志形「しよう」，動詞の非過去形「する」，「つもりだ」，「気だ」などがある。

　従来の研究においては，意志のモダリティを文機能（文類型）のモダリティの下位分類として扱っているものが多い。本書では，意志のモダリティを可能のモダリティとともに，主体関与型モダリティとして捉えている。

　意志のモダリティについては，「しよう」の意志・勧誘・婉曲な命令の用法，意志のモダリティ表現の文法化という2つの問題を論じることにする。

3.1.　「しよう」の意志・勧誘・婉曲な命令の用法

　「しよう」の主な用法は，『日本文法大辞典』によれば，下記の4種類がある。

① 話し手の推量・想像を表わす。
② 疑問詞や終助詞の「か」を伴って，疑い・問い・反語などを表わす。

③ 動詞について，話し手の決意を表わす。
④ 勧誘・婉曲な命令を表わす。

(松村(編)1971:40-41・田中章夫執筆・「う」(現代語)の項)

ここでは，③と④，すなわち意志，勧誘，婉曲な命令の用法を検討してみよう。まず，実例を通じて「しよう」の意志，勧誘，婉曲な命令の用法を概観する。

3.1.1. 各用法の概観

次の (19)（20)（21)（22) は，意志の用法の例である。

(19)「せめて動物園でも見て行こう」と思ってかれは身を起こした。

(田山花袋『田舎教師』)

(20)「まあ，きょうは僕はこれで帰りましょう。きっとお仕事をはじめて下さい。」そう言い置いて，青扇の家を出たのであるが，帰途，青扇の成功をいのらずにおれなかった。

(太宰治『彼は昔の彼ならず』)

(21) 星はそのあいまに，自分の計画中の冷凍工業について話し，助言を求めた。博士は大いに賛成し，はげましてくれた。
「うむ。それはいい仕事だ。（中略）」
「博士のお言葉で，自信がついてきました」
「私もできるだけの協力をしよう。帰国したら，低温の利用に関するドイツの資料をまとめて送ってあげよう。さらに，この方面で新しい研究や発明がドイツでなされたら，星君に優先的に提供するよう，関係者を説得してみよう」

(星新一『人民は弱し，官吏は強し』)

(22)「計は甚だ遠大だが，さて，そんな外交的手腕を，誰が任じてゆくか」
玄徳が，座中を見まわした時，ふと一人の者と眼を見あわせた。そ

第3章 主体関与型モダリティ

の者はすぐ起って,

「私が<u>行きましょう</u>」

と,神妙にいった。諸人が,誰かと見ると,それは伊籍であった。

(吉川英治『三国志』)

(19)(20)(21)(22)の「しよう」は,事態を実現する主体(=話し手)の意志を表している。ただし,(19)は,聞き手のいない心内発話であるが,(20)(21)(22)は,聞き手の存在する発話である。また,(20)では,事態「話し手が帰る」が聞き手の利益・不利益のどちらにもならないのに対し,(21)(22)では,事態「話し手が協力をする」,「話し手が資料をまとめて送る」,「話し手が関係者を説得してみる」,「話し手が行く」が話し手の申し出たり,受け入れたりするものであり,聞き手の利益になっている。

(23)(24)(25)(26)は,勧誘の用法の例である。

(23) 私共は一本の傘に入って山下の方へ出た。

——今夜おひまですか?」とミハエルはふとそんなことを訊いた。

——ええ,別に。」と私は答えた。

——それでは,今晩はお酒を<u>飲みましょう</u>。」

——いいですね。」

(渡辺温『風船美人』)

(24) 「僕は帰る。黒谷,<u>帰ろう</u>」

「僕は……」

黒谷はうろうろした。今,太郎と一緒に帰ると,小柳静に対して,山本太郎と同じように裏切者と思われるのを恐れてでもいるみたいだった。

(曽野綾子『太郎物語-高校編-』)

(25) 三四郎もつづいて庭を出ようとすると，二階の障子がかりりと開いた。与次郎が手欄の所まで出てきた。
「行くのか」と聞く。
「うん，君は」
「行かない。菊細工なんぞ見てなんになるものか。ばかだな」
「いっしょに行こう。家にいたってしようがないじゃないか」
「今論文を書いている。大論文を書いている。なかなかそれどころじゃない」

(夏目漱石『三四郎』)

(26) 女連は，おたがいに手をとり合って，お稚児桜を中に輪を作ってしまいました。自然，右の桜の根を枕にして熟睡に落ちていた米友ぐるみ，輪の中に入れてしまったものです。
「さあ，踊りましょう」
「よい，よい，よいとな」
「よいとさ」

(中里介山『大菩薩峠』)

(23)(24)(25)(26)の「しよう」は，話し手を主体とする事態と，聞き手を主体とする事態がともに実現されるように，話し手が聞き手を誘ったり，促したりすることを表しているが，両事態の実現の可能性と誘いや促しに対する聞き手の諾否がどのように関係するのかという点で違いがある。(23)では，事態「話し手がお酒を飲む」と「聞き手がお酒を飲む」は，いずれも，誘いに対する聞き手の承諾を得てはじめて実現が可能となるものである。つまり，もし聞き手の承諾がなければ，「聞き手がお酒を飲む」の実現が不可能となるだけではなく，「話し手がお酒を飲む」も断念されることになろう。(24)では，事態「話し手が帰る」は，誘いに対する聞き手の諾否に関係なく，これから実現されるはずであるが，事態「聞き手が

帰る」は，聞き手の考えによって実現が可能または不可能となる。(25) の状況は，(24) と同じである。(26) では，事態「聞き手が踊る」が発話前に聞き手の承諾を得たものなので，聞き手が促しに応じた後，話し手と聞き手は，一緒に事態「話し手が踊る」と「聞き手が踊る」を実現すると想定できる。

(27) (28) (29) (30) は，婉曲な命令の用法の例である。

(27) 「みなさん休みは面白かったね。朝から水泳ぎもできたし林の中で鷹にも負けないくらい高く叫んだりまた兄さんの草刈りについて行ったりした。それはほんとうにいいことです。けれどももう休みは終りました。これからは秋です。むかしから秋は一番勉強のできる時だといってあるのです。ですから，みなさんも今日から又しっかり<u>勉強しましょう</u>。みなさんは休み中でいちばん面白かったことは何ですか。」

(宮沢賢治『風野又三郎』)

(28) その謂わば秘密の入口から，私はまだ泣きじゃくっている雪をかかえて，こっそりと私の部屋へはいった。
「<u>静かにしようよ</u>。他に聞えると大変だ。」

(太宰治『断崖の錯覚』)

(29) 「わかりましたよ」と云って義一はうしろにいるりゅうへ振り向いた，「――いまのお差配の仰しゃったことを覚えておけよ，りゅう，ここは伝馬町よりおっかねえところらしいからな，<u>おとなしくしようぜ</u>」

(山本周五郎『さぶ』)

(30) 「冗談じゃない。そんなところに立っていられちゃ邪魔でさ。つぎの駅で<u>降りてもらおう</u>。」
「なんですって？」

「なにがなんだ。つぎの駅で降りろと言うんだ。」

(牧逸馬『戦雲を駆る女怪』)

　　(27) (28) (29) (30) の「しよう」は，聞き手に対する婉曲な命令を表している。(19) ～ (26) からわかるように，意志の用法では，話し手を主体とする事態のみが問題となるが，勧誘の用法では，話し手を主体とする事態と聞き手を主体とする事態が問題となる。これに対して，婉曲な命令の用法では，(27) (28) (29) (30) の「聞き手が勉強する」，「聞き手が静かにする」，「聞き手がおとなしくする」，「聞き手が降りる」のような，聞き手を主体とする事態のみが問題となる。なお，仁田（1991：222-223）によれば，(27) (28) (29) のような「しよう」の形式をとる婉曲な命令の用法は，勧誘の用法から派生したものであるが，(30) のような「してもらおう」の形式をとる婉曲な命令の用法は，意志の用法から派生したものである。

　　これまで，実例を通じて「しよう」の意志，勧誘，婉曲な命令の用法を概観してきたが，それぞれの詳しい分析は，仁田（1991：212-223），樋口（1992：175-186），安達（1995：226-234；2002a：18-31），姫野（1998：132-142），日本語記述文法研究会（2003：51-55，61-64）などを参照されたい。以下，「しよう」の意志，勧誘，婉曲な命令の用法の関係に焦点を当てたい。

3.1.2. 各用法の関係

　　ここで，「しよう」の意志，勧誘，婉曲な命令の用法の関係を主体の関与と事態関与の観点から考えてみたい。便宜のために，主体の関与と事態関与の定義をもう一度述べておこう。

第3章　主体関与型モダリティ

主体の関与：事態の主体が能力や可能，意志による事態の実現に関わることである。

事態関与：話し手が事態の提起者や規範の判定者として，事態に関わることである。

さて，すでに述べたように，意志の用法では，話し手を主体とする事態のみが問題となる。このような事態を発話時点以降に自ら実現しようと，主体（＝話し手）が思っている。つまり，意志の用法では，主体（＝話し手）が意志による事態の実現に関わっている，言い換えれば，主体の関与が見られる。そして，婉曲な命令の用法では，聞き手を主体とする事態のみが問題となる。このような事態を発話時点以降に主体（＝聞き手）が実現するように，話し手が聞き手に求めている。つまり，婉曲な命令の用法では，話し手が提起者や判定者として事態に関わっている，言い換えれば，事態関与が見られる。

それに対して，勧誘の用法では，話し手を主体とする事態と聞き手を主体とする事態が絡み合っている。このような話し手を主体とする事態と聞き手を主体とする事態は，それぞれ，主体（＝話し手）が発話時点以降に自ら実現しようと思っているものと，話し手が聞き手に求めている，発話時点以降に主体（＝聞き手）が実現するものである。つまり，勧誘の用法では，主体の関与と事態関与の両方が見られる。

以上をまとめると，次の表1のようになる。

表1　関与から見た「しよう」の意志・勧誘・婉曲な命令の用法の関係

	意志	勧誘	婉曲な命令	
主体の関与	○	○	×	話し手を主体とする事態
事態関与	×	○	○	聞き手を主体とする事態

3.2. 意志のモダリティ表現の文法化

最後に，意志のモダリティ表現の文法化について見てみよう。Heine & Kuteva (2002: 310-311) によれば，「WANT ('want', 'wish', 'desire') >FUTURE」という文法化の経路があり，英語の*will*，現代ギリシア語の*tha*，中国語の「要」，ブルガリア語 (Bulgarian) の*šte*，スワヒリ語 (Swahili) の*-ta*などの未来を表す表現は，いずれもWANT ('want', 'wish', 'desire') を表す表現から変化した。たとえば，スワヒリ語の*-ta*は，WANT ('want', 'desire') を表す動詞*-taka*から変化した ((31) [3]) (Heine & Kuteva 2002: 311)。

(31) (a) *a-   taka   ku - ja.*
        3:SG:PRES-want   INF-come
        'She wants to come.'
        （彼女は来たがっている。）

  (b) *a-   ta- ku - ja.*
      3:SG-FUT-INF-come
      'She will come.'
      （彼女は来る。）

(Heine & Kuteva 2002: 311)

そして，Heine & Kuteva (2002: 142-143) によれば，「FUTURE＞EPISTEMIC MODALITY」という文法化の経路もあり，上述した英語の*will*，ブルガリア語の*šte*，スワヒリ語の*-ta*などの未来を表す表現は，さらに文法化してepistemic modality的な意味を表すようになった。次の (32) は，スワヒリ語の*-ta*の例である (Heine & Kuteva 2002: 143)。

第3章　主体関与型モダリティ

(32) (a) *A- ta -ku - ja.*
　　　　 C1-FUT-INF-come
　　　　 'He will come.'
　　　　 （彼は来る。）

　　 (b) *A- ta -ku-wa　nyumba-ni sasa.*
　　　　 C1-FUT-INF-be　house-LOC　now
　　　　 'He will be at home by now.'
　　　　 （彼は今頃は家にいるだろう。）

　　　　　　　　　　　　　　　　　　(Heine & Kuteva 2002: 143)

　つまり，「WANT（'want', 'wish', 'desire'）＞FUTURE＞EPISTEMIC MODALITY」という文法化の経路もあり得ると考えられる。
　しかしながら，日本語の意志のモダリティには，それらの文法化の経路の反例が見られる。まず，次の（33）で示すように，動詞の非過去形「する」は，意志を表すことができる。

(33) 事務的なレンラクが済んで，キャンパス案内ということになった時，太郎はひそかに逃げ出すことにした。
　　　「僕帰る」
　　　太郎は三吉さんと，大西に言った。
　　　「私も帰るわ」
　　　「おれは残る」
　　　大西は言った。
　　　　　　　　　　　　　　（曽野綾子『太郎物語－大学編－』）

　これは，非過去形「する」の，未来を表す機能から派生した機能であると考えられる。鈴木（1972：310）によれば，意志動詞の非過去形が「話し手の

未来の動作をあらわすばあい，未来の動作は話し手の意志にかかわるから，現在の話し手の＜これから動作をおこなう＞という意志をもあらわしていることになることがある」。

また，黒滝（2005: 132-133, 208-210）の分析によれば，「しよう」の意志の用法は，「「推量」という一用法を源泉として語用論的に意味拡張したもの」である。

要するに，未来を表す非過去形「する」が意志を表すようになったことと，epistemic modality的な意味「推量」を表す「しよう」が意志を表すようになったことは，それぞれ「WANT ('want', 'wish', 'desire') ＞FUTURE」と「WANT ('want', 'wish', 'desire') ＞FUTURE＞EPISTEMIC MODALITY」の反例であると考えられる。

4. まとめ

最後に，この章で述べたことの要点をまとめておく。

1) モダリティ研究の体系性を高めるために，可能表現をモダリティ表現に，可能表現の表す能力や可能をモダリティ的な意味に位置づけるほうが妥当であると考えられる。

2) 可能表現は，許可や禁止を表すことができるが，そのためには，特有の成立条件が必要である。すなわち，可能表現は，字義通りに，可能条件によって左右される能力や可能の意味を表すが，その可能条件が規範を構成することになるという条件である。

3) 可能表現で許可や禁止を表す際に，規範（＝可能条件）が可能表現によってプロファイルされた結果，許可や禁止の理由は，規範（＝可能条件）そのものであるように見え，発話の丁寧度も上げられる。

4) 「しよう」には，意志，勧誘，婉曲な命令などの用法がある。「しよう」の意志の用法では，主体の関与が，婉曲な命令の用法では，事態

関与が見られる。一方，「しよう」の勧誘の用法では，主体の関与と事態関与の両方が見られる。

5) 未来を表す動詞の非過去形「する」が意志を表すようになったことと，epistemic modality的な意味「推量」を表す「しよう」が意志を表すようになったことは，それぞれ「WANT ('want', 'wish', 'desire') ＞FUTURE」と「WANT ('want', 'wish', 'desire') ＞FUTURE＞EPISTEMIC MODALITY」の反例であると考えられる。

第3章の注

① 本書では，聞き手（二人称）に対する許可や禁止のみを考察の対象とする。
② Vanderveken (1990; 1994) の言語行為論の用語で言えば，(a) は発語内目的 (illocutionary point) で，(b) は達成の様式 (mode of achievement) で，(c) は命題内容条件 (propositional content condition) で，(d) と (e) は予備条件 (preparatory condition) で，(f) は誠実条件 (sincerity condition) である。なお，言語行為論に関しては，Austin (1962)，Searle (1969; 1979)，山梨 (1986)，Vanderveken (1990; 1994)，久保 (1999) などを参照されたい。
③ (31) では，FUT＝future。

第4章

事態関与型モダリティ
—行為要求のモダリティと事態評価のモダリティ—

 1. 第4章の内容

　本章では，事態関与型モダリティの下位類「行為要求のモダリティ」と「事態評価のモダリティ」を考察する。行為要求のモダリティについては，命令と依頼の違い，上下関係と命令・依頼の関連を論じる。事態評価のモダリティについては，事態評価のモダリティにおける主観性と客観性を論じる。なお，行為要求のモダリティ表現と事態評価のモダリティ表現の文法化についても検討する。

 2. 行為要求のモダリティ

　行為要求のモダリティとは，行為の実行を命じたり，頼んだりすることを表すものである。行為要求のモダリティ表現には，動詞の命令形「しろ」，「しなさい」，「てくれ」，「てください」，動詞の禁止形「するな」，「しないでくれ」などがある。
　意志のモダリティと同様に，従来の研究においては，行為要求のモダリティを文機能（文類型）のモダリティの下位分類として扱っているものが多

第4章　事態関与型モダリティ

い。本書では，行為要求のモダリティを事態評価のモダリティとともに，事態関与型モダリティとして捉えている。

　行為要求のモダリティについては，命令と依頼の違い，および上下関係と命令・依頼の関連という2点を検討する。

2.1. 命令と依頼の違い

　命令と依頼は，行為要求のモダリティ表現の基本的な機能の2種である。次の（1）（2）（3）（4）は命令の，（5）（6）（7）（8）は依頼の例である。

（1）僕はすぐ強盗だなと感じた。いくら僕でも毎日の新聞で近頃の物騒さはよく知っている。すぐに飛び込んでやろうと身構えした時，男が不意に右手の出刃庖丁をつき出すと同時に「静かにしろ。早く金を出せ。」
というのが聞えた。

(浜尾四郎『黄昏の告白』)

（2）「それじゃ近頃はその女とつきあってはいなかったと言うんだね。嘘をつくと為にならないよ。こっちはね，ちゃんと証拠をもっているんだ。ひとつお眼にかけようか」
刑事はまた机の抽出しから白い封筒をとり出して，江藤の眼の前にさし出した。
「中身を読んで見ろ。それが被害者の机の中から出て来たんだ」

(石川達三『青春の蹉跌』)

（3）十一月の最初の日曜日の朝，太郎は，母の信子に，あわただしく，叩き起された。その前にすでに，階段をかけ上る音が聞えていた。うるさいなあ，と思い，ガラリと部屋の襖を開けられた時は，毛布をひっかぶったまま，「ノックもせずに，失礼だ」と半覚醒のまま

57

怨めしく思っていた。

「太郎，ちょっと起きなさい」

(曽野綾子『太郎物語－高校編－』)

(4) だが開業して三日経った日曜日の朝，玄関口を掃いていた看護婦の児玉もとが息を荒げて奥へ戻ってきた。

「先生，表の板塀に落書きがあります」

(中略)

板塀一杯に石筆で書きなぐられ，その横に吟子の似顔絵らしきものが描かれている。右手にメスを持ち，髪こそ長いが顔は夜叉の形相である。

「消しなさい」もとに命じると吟子は家へ戻った。

(渡辺淳一『花埋み』)

(5) お冬は又だまってしまった。あくまでも焦らされているように思われて，年の若い長三郎は苛々いらいらした。

「これ，正直に教えてくれ。頼む」

「お頼みですか」

「頼む，頼む」と，長三郎は口早に云った。

(岡本綺堂『半七捕物帳』)

(6) 陽子は京吉がはいって来た気配に，気がつくと，頭をあげて，涙を拭いた。けろりとした顔のようだった。が，声はキンキンと，

「何かご用……？」

「ううう？うん」

口ごもったが，いきなり京吉は手を出して，

「――金かしてくれ。おれ宿屋へ泊る金ねえんだよ。掏られたんだよ」

(織田作之助『土曜夫人』)

(7) 間もなく教官が廊下を歩いてくる音がして，戸の上方についている

蓋をあけてこっちをのぞいた。
「すみませんが体温計があったら貸してください」
行助はのぞき窓の教官を見あげて言った。

(立原正秋『冬の旅』)

(8)　「おにいさま」
思いきって，信夫はいった。
「なんや？」
「ぼくに英語を教えて下さい」

(三浦綾子『塩狩峠』)

　ここでは，成立条件の観点から命令と依頼の違いを考えてみよう。命令と依頼の成立条件は，次のようにまとめることができる（仁田（1991: 238-240），王（2001: 41-42, 51），安達（2002b: 47）も参照のこと）。

命令と依頼の成立条件[①]：
(a) 話し手が聞き手に行為を実行させようと企てている。
(b1) 命令の場合：話し手は，提起者であるとともに，聞き手が行為を実行すべきであるという判断をした判定者でもある。行為の実行への拒否の選択権を聞き手に与えない。
(b2) 依頼の場合：話し手は，提起者だけである。行為の実行への拒否の選択権を聞き手に与える。（行為を実行するかどうかという判断をする判定者は，聞き手である。）
(c) その行為が聞き手のこれから先の行為である。
(d) 聞き手がその行為を実行することができる。
(e) 話し手が聞き手にその行為を実行してほしいと思っている。

　そのうち，(a) (c) (d) (e) は，命令と依頼に共通の成立条件であ

るが，(b1) と (b2) は，命令と依頼を区別できる成立条件である。(b1) と (b2) の「行為の実行への拒否の選択権を聞き手に与えるかどうか」という点は，しばしば命令と依頼の違いであるとされる（庵・高梨・中西・山田 (2000: 148)，安達 (2002b: 48, 61)，日本語記述文法研究会 (2003: 67, 71) 参照）。

ただし，実際には，行為の実行への拒否の選択権を聞き手に与えるかどうかは，判定者が話し手であるかどうかによって決まる。繰り返しになるが，判定者，すなわち規範の判定者とは，自ら規範を定めたり（または，地位や職務，状況からすれば，あたかも自ら規範を定めたり），既存の規範に訴えたりして，それに照らして行為を実行すべきかどうか，事態の実現が望ましいかどうかなどを最終的に判断する立場にある人である。命令では，話し手は，判定者として規範に照らしてから聞き手が行為を実行すべきだと判断したので，当然のことながら，拒否の選択権を聞き手に与えない。一方，依頼では，行為は，聞き手側が判定者として規範に照らしてから実行するかどうかを判断するので，話し手は，拒否の選択権を聞き手に与えざるを得ない。この意味で言えば，「判定者が話し手であるかどうか」という点は，命令と依頼との本質的な違いであると考えられる。

2.2. 上下関係と命令・依頼の関連

ところで，行為要求に関しては，次のような一般の認識があるようである。すなわち，行為要求を行う際に，もし話し手が上位者であれば，話し手は判定者である，換言すれば，もし話し手が上位者であれば，その行為要求は命令になるということである。事実，一般用語としての「命令」は，辞典では，しばしば「上位の者が下位の者に言いつけること」というふうに説明されている（『日本国語大辞典 第二版』，『大辞林 第三版』，『広辞苑 第六版』，『大辞泉 第二版』など参照）。

しかしながら，実際には，話し手は上位者であっても，行為要求は命令になるとは限らない。というのは，上位者が多くの行為に関わる規範（とりわ

け，社会的な道徳・法・慣習，団体や組織の規則，家族のルール）を自ら定めた（または，地位や職務，状況からすれば，あたかも自ら定めた）にもかかわらず，あらゆる行為は，必ずしも上位者の規範の及ぶ範囲内にあるわけではないからである。すなわち，話し手と聞き手が「上対下」の関係にあっても，求める行為は，話し手（＝上位者）の定めた規範の及ぶ範囲外に出てしまい，聞き手の定めた規範の及ぶ範囲内に入り込むことがある。この場合，聞き手は，判定者になり，行為を実行するかどうかは，聞き手側が自らの規範に照らしてから判断することになる。命令と依頼の成立条件（b1）と（b2）によると，こうした行為要求が依頼になると考えられる。

　たとえば，次の例を見てみよう。

(9)　何にするつもりなのか，校長は生徒たちからネズミを一匹一円で買い上げているのだった。（……中略……）「順に並んでください。ネズミは玄関脇に置いてください。はい三次郎君，あなたは三円。」

(10)　「そりゃごもっとも……君のいうところはいちいちごもっともだが，わたしのいう方も少しは察してください。君がぜひ辞職するというなら辞職されてもいいから，代わりのあるまでどうかやってもらいたい。とにかく，うちでもういっぺん考え直してみて下さい。」考え直すって，直しようのない明々白々たる理由だが，狸があおくなったり，赤くなったりして，かあいそうになったから，ひとまず考え直すこととして，引下がった。

（佐藤 1992: 156[2]）

　(9) は，島からネズミを駆除するために校長（＝話し手）が生徒たち（＝聞き手）にネズミ捕りを奨励するという場面の発話であり，ネズミ捕りに関わる「順に並ぶ」や「ネズミを玄関脇に置く」は，生徒たちの学習行為

ではなく，校長の規範の及ぶ範囲外に出てしまう。（10）は，校長（＝話し手）が辞表を出そうとする教師（＝聞き手）を引き留めるという場面の発話であり，辞職に関して「わたしのいう方を察する」や「うちでもういっぺん考え直してみる」は，教師の教育行為ではなく，校長の規範の及ぶ範囲外に出てしまう。下の（11）は，紙芝居のおじさん（＝話し手）が子供たち（＝聞き手）に飴を買ってもらうという場面の発話であり，「（飴）を買う」は，子供が年上の人に挨拶をするような社会行為ではなく，おじさんの規範の及ぶ範囲外に出てしまう。

(11)「ほんとうだわ，おじさん，あめ屋さんになったの。」と，花子さんもききました。
「ええ，あめ屋になりましたよ。」
「どうして？」
「紙芝居がたくさんになって，話では，はやりませんから，これからあめで，なんでも造りますから買ってくださいね。」と，おじさんは，いいました。

(小川未明『夏の晩方あった話』)

つまり，（9）（10）（11）では，求める行為が話し手（＝上位者）の規範の及ぶ範囲外に出てしまい，聞き手の規範の及ぶ範囲内に入り込むことで，当該行為を実行するかどうかを聞き手側が判断するということになる。したがって，（9）（10）（11）を命令よりも依頼に位置づけるほうが妥当であると考えられる。

3. 事態評価のモダリティ

3.1. 事態評価のモダリティの概観

事態評価のモダリティとは，事態の実現が望ましいかどうかという評価を

第4章　事態関与型モダリティ

表すものである。事態評価のモダリティの包括的で体系的な研究としては，高梨（2002；2010），日本語記述文法研究会（2003）の一連の研究が挙げられる。

　高梨（2002: 82；2010: 26），日本語記述文法研究会（2003: 91-92）によると，事態評価のモダリティ表現は，形の面から，次の3つのグループに分けられる[③]。

1) 「－いい／いけない」型複合形式
　　　「といい」「ばいい」「たらいい」，「ほうがいい」，
　　　「てもいい」，「なくてもいい」，
　　　「てはいけない」（「てはならない」），
　　　「なくてはいけない」（「なくてはならない」「なければならない」「なければいけない」「ないといけない」）
2) 助動詞
　　　「べきだ」，「ものだ」，「ことだ」
3) 「－いい／いけない」型以外の複合形式
　　　「ざるを得ない」「しかない」，
　　　「わけにいかない」「ないわけにいかない」，
　　　「必要がある」「必要がない」，
　　　「ことはない」「までもない」

（高梨 2010: 26）

　さらに，これらの表現は，基本的意味[④]の面から，次の4つに分類される（高梨 2002: 82；2010: 29；日本語記述文法研究会 2003: 92-93）。

1) 〈必要妥当系〉ある事態が広い意味で必要もしくは妥当だという評価を表す。

  a. 肯定評価類（ある事態が望ましいという肯定的な評価を表す）

   「といい」「ばいい」「たらいい」

  b. 妥当類（ある事態が妥当だという評価を表す）

   「ほうがいい」「べきだ」

  c. 必要類（ある事態が必要だという評価を表す）

   「なくてはいけない」「必要がある」

  d. 不可避類（ある事態が不可避だという評価を表す）

   「ざるを得ない」「ないわけにいかない」「しかない」

  e. その他「ものだ」「ことだ」

2) 〈不必要系〉ある事態が必要ではないという評価を表す。

   「なくてもいい」「必要がない」

   「ことはない」「までもない」

3) 〈許容系〉ある事態が許容されるという評価を表す。

   「てもいい」

4) 〈非許容系〉ある事態が許容されないという評価を表す。

   「てはいけない」「わけにいかない」

（高梨 2010：29）

  事態評価のモダリティの全般，個々のモダリティ表現の意味と用法については，高梨（2002：80-120；2010），日本語記述文法研究会（2003：91-131）を参考されたい。ここでは，事態評価のモダリティにおける主観性と客観性について考えてみたい。

3.2. 事態評価のモダリティにおける主観性と客観性

  第2章の4節で述べたように，モダリティの主観性と客観性は，話し手の関与が含まれているかどうかで区別される。事態評価のモダリティは，一般に主観的であるが，客観的になる場合もある。

第4章　事態関与型モダリティ

3.2.1. 先行研究の議論

事態評価のモダリティにおける主観性と客観性の対立を指摘した研究としては，益岡（1991）と高梨（2002；2010）が挙げられる。

益岡（1991：53）は，「「ことだ」と「ものだ」は，恒常的に主観性を表現する一次的モダリティの形式である」とし，「一方，「べきだ」，「〜なければならない」，「ほうがいい」等の形式は，客観的表現になり得る二次的モダリティの形式である」と主張している。益岡の「主観性」は，「表現者の表現時での判断・表現態度」と，「客観性」は，表現者以外の者の判断や「表現時以外の時点での判断」，「「〜こと」のような表現の内部で使われる」こと（益岡 1991：35）と理解される。

益岡（1991：53-54）によると，「ことだ」と「ものだ」は，（12）（13）のように「「〜た」という形式を取って過去の時点での判断を表すことはできない，「〜こと」のような表現の内部要素として用いることができない」ので，「恒常的に主観性を表現する」が，「べきだ」，「〜なければならない」，「ほうがいい」などは，（14）（15）のように「「〜た」の形を取って過去の時点での判断を表すことができる」し，「「〜こと」のような表現の内部に現れ得る」ので，「客観的表現になり得る」。

(12) *あまり不得手な分野に手を出さないことだった。
(13) *あまり不得手な分野に手を出さないことであることがよくわかった。
(14) 出来たてのオムレツをたべるべきだった。
(15) 出来たてのオムレツをたべるべきであることがよくわかった。

（益岡 1991：53-54）

高梨（2002：92-96；2010：84-89）は，「なくてはいけない」（「なければならない」），「なくてもいい」，「てもいい」，「てはいけない」な

どは，「話し手の発話時の評価」と「客観的必要性・許容性」の両方を表すことができると主張している。「話し手の発話時の評価」は，「話し手の発話時の評価という純粋な主観を表す」場合であるが，「客観的必要性・許容性」は，「客観世界の秩序，しくみ，事情などのあり方として，ある事態が必要・不必要である，または，許容される・許容されないということを描写する」場合である（高梨 2002：94；2010：86）。

高梨（2002：92；2010：84）によれば，次の（16）の「てはいけない」は，「「僕みたいな平凡な男がこんなことをしている」という事態に対する話し手自身の発話時の評価を表している」が，（17）の「てはいけない」は，「「寮の中で酒を飲む」ことが「規則」で禁じられていることを表している」。

(16)　「僕みたいな平凡な男が，こんなことをしていちゃいけないと思う。（略）」
(17)　「だって，りょ，寮の中で酒飲んじゃいけないのって，き，き，規則だろう」

　　　　　　　　　　　　　　　　　　　　（高梨 2002：92；2010：84）

高梨の「主観性」は，「話し手の発話時の評価」であると考えられるが，益岡の「主観性」——「表現者の表現時での判断・表現態度」——にほぼ一致する。しかし，高梨の「客観性」は，「客観世界の秩序，しくみ，事情などのあり方」の描写であると考えられるが，益岡の「客観性」（事態評価のモダリティに限って言えば）——「表現時以外の時点での判断」や「「～こと」のような表現の内部で使われる」こと——と異なる。これよって，益岡（1991）と高梨（2002；2010）では，具体的なモダリティ表現の位置づけも大きく異なる。たとえば，益岡（1991：53）は，「べきだ」と「ほうがいい」は，「客観的表現になり得る」としているが，高梨（2002：96，

第4章 事態関与型モダリティ

119; 2010: 88, 97) は，「客観的必要性・許容性」を表すことができないとしている（高梨（2010: 228）の表「評価のモダリティ形式の整理」も参照のこと）。

3.2.2. 「話し手の関与」による説明

ここでは，話し手の関与に基づく主観性と客観性の観点から，事態評価のモダリティにおける主観性と客観性の対立を説明してみたい。まず，便宜のために，話し手の関与，およびそれに基づく主観性と客観性の定義をもう一度述べておこう。

話し手の関与：
事態関与：話し手が事態の提起者や規範の判定者として，事態に関わることである。
命題関与：話し手が推論者として既存命題から新しい命題を導き出したことで，命題に関わることである。
相互関与：聞き手との上下関係や親疎関係による丁寧さの有無・程度，聞き手との間の認識の一致・不一致を意識したことで，話し手が聞き手に関わることである。
話し手の関与に基づく主観性と客観性：
　モダリティにおいては，主観性とは，話し手の関与が含まれていることであり，客観性とは，話し手の関与が含まれていないことである。

事態評価のモダリティにおいては，話し手は，事態の実現が望ましいかどうかという評価を述べている。評価を述べる際，多くの場合，話し手は，判定者として事態に関わっている。すなわち，話し手は，自ら規範を定めたり，既存の規範に訴えたりして，それに照らして当該事態の実現が望ましいかどうかを判断している。たとえば，（18）では，話し手は，新聞記者のあり方に関して自ら規範「新聞記者はスクープを狙うべきである」（個人的

な考え・好悪・意向）を定めて，それに照らして「新聞記者という者は，一生に一度大きいスクープをすればいい」と，「諸君はがつがつと事件事件で毎日眼の色を変える新聞記者になる必要はない」と判断している。（19）では，話し手は，生計を立てる方法に関して既存の規範「生計を立てるために働くべきである」（社会的な道徳・法・慣習）に訴えて，それに照らして「私は働きながら行かなければならない」と判断している。

(18)「新聞記者という者は，一生に一度大きいスクープをすればいい。それだけで大記者だ。そうそう大特種というものは廻って来るものではない。一生に一度も大記事を取れないような奴は，これは論外であるが，何も，諸君はがつがつと事件事件で毎日眼の色を変える新聞記者になる必要はない」
（中略）
この春さんの新入社員に対する訓辞は，まことに春さんらしいものであり，そのまま春さん自身の信条でもあり，慷慨でもあり，忿懣でもあった。

（井上靖『あすなろ物語』）

(19) 私は地図のようなものを書いてみる。まず，朝鮮まで渡って，それから，一日に三里ずつ歩けば，何日目には巴里に着くだろう。その間，飲まず食わずではいられないから，私は働きながら行かなければならない。

（林芙美子『放浪記』）

これに対して，評価を述べる際，話し手が判定者でなく，単なる規範の言及者として事態に関わっている場合がある。すなわち，話し手は，事態の実現が望ましいかどうかという第三者が規範に基づいて下した判断，あるいは既存の規範そのものを取り上げている。たとえば，(20) では，話し手は，

第4章　事態関与型モダリティ

「結晶化の工程では冷却を加えなければならない」という第三者がモルヒネの精製に関する一連の規範（物事の方法・手順・計画）に基づいて下した判断を取り上げている。

(20) モルヒネの精製にはアルコールを大量に必要とする。また結晶化の工程では冷却を<u>加えなければならない</u>。それなのに台湾の気温は高く，アルコールは蒸発してロスが多く，冷却のための動力はむやみとかさむのだった。

　　　　　　　　　　　　　　　（星新一『人民は弱し，官吏は強し』）

上の (17) もその一例である。(17) では，話し手は，寮生活に関する既存の規範「寮内での飲酒を禁止する」（団体や組織の規則）そのものを取り上げている。

　話し手の関与に基づく主観性と客観性の観点からすれば，(18) (19) のような事態評価のモダリティは，話し手の関与（事態関与）が含まれており，主観的であるが，(17) (20) のような事態評価のモダリティは，話し手の関与（事態関与）が含まれておらず，客観的であると考えられる。

　以上の議論に基づいて，事態評価のモダリティにおける主観性と客観性の対立に関する益岡（1991），高梨（2002；2010），および筆者の見解は，表1にまとめられる。

表1　事態評価のモダリティにおける主観性と客観性

	主観性	客観性
益岡 1991	表現者の表現時での判断・表現態度	「表現時以外の時点での判断」や「「～こと」のような表現の内部で使われる」こと
高梨 2002；2010	話し手の発話時の評価	「客観世界の秩序，しくみ，事情などのあり方」の描写
筆者	話し手が判定者として事態に関わっていること	話し手が判定者でなく，言及者として事態に関わっていること

4. 行為要求と事態評価のモダリティ表現の文法化

　Deontic modalityに関する文法化の経路としては，「DYNAMIC MODALITY＞DEONTIC MODALITY」と「DEONTIC MODALITY＞EPISTEMIC MODALITY」，および両者の具体例である「ABILITY＞PERMISSIVE」と「OBLIGATION＞PROBABILITY」などが挙げられる。とりわけ，「DEONTIC MODALITY＞EPISTEMIC MODALITY」は，多くの言語に見られる。たとえば，本来はdeontic modalityを表している英語の*will, must, should*（(21)），上古中国語（Archaic Chinese）の「可」，ドイツ語の*müssen*などは，いずれもepistemic modalityを表すようになった（Heine & Kuteva 2002: 116, 218-219）。

(21) (a) *I must go home.*（もう帰らなければならない。）
　　 (b) *That must be the postman.*（on hearing the doorbell）
　　　　　（（玄関のベルを聞いて）郵便配達員だろう。）

　　　　　　　　　　　　　　　　　　　　　（Heine & Kuteva 2002: 218）

　以下，日本語の場合を見てみよう。日本語でdeontic modalityに当たるのは，行為要求のモダリティと事態評価のモダリティである。行為要求のモダリティを表す動詞の命令形「しろ」，「しなさい」，「てくれ」，「てください」，動詞の禁止形「するな」，「しないでくれ」などは，dynamic modalityからの文法化，またはepistemic modalityへの文法化が生じていないと考えられる。

　一方，事態評価のモダリティを表す「－いい／いけない」型複合形式，助動詞「べきだ，ものだ，ことだ」，「－いい／いけない」型以外の複合形式もdynamic modalityからの文法化，またはepistemic modalityへの文法化が生じていないと考えられる。それどころか，「DEONTIC MODALITY＞EPISTEMIC MODALITY」の反例が存在するとされている。黒滝（2005: 198-

第 4 章 事態関与型モダリティ

211）によると，「てもいい」や「なければならない」の「deontic的用法」は，epistemic modalityに由来するという。また，玉地（2008：71）と堀江・玉地（2013：156）は，「ものだ」の「行為拘束的」用法（（23））が「認識的」用法（（22））から派生したとしている。

(22) 練習すれば，ギターが弾けるようになる<u>ものだ</u>。（当然・常識）
(23) 「試験に合格したかったら，一日三時間は勉強する<u>ものだ</u>。」
（助言，軽い命令）

（堀江・玉地 2013：156）

これらは，「DEONTIC MODALITY＞EPISTEMIC MODALITY」の反例と見なされる。

にもかかわらず，第3章の2.1節で述べたように，日本語においては，可能のモダリティを表すいわゆる可能表現は，許可や禁止といったdeonticな意味を表すことができる（渋谷 1993：49-57；2005：41-43）。すなわち，「DYNAMIC MODALITY＞DEONTIC MODALITY」や「ABILITY＞PERMISSIVE」は，日本語でも見られる。

5. まとめ

最後に，この章で述べたことの要点をまとめておく。
1) 命令と依頼の本質的な違いは，判定者が話し手であるかどうかという点にある。命令では，話し手は，話し手が判定者として規範に照らしてから，聞き手が行為を実行すべきだと判断する。これに対して，依頼では，行為は，聞き手側が判定者として規範に照らしてから実行するかどうかを判断する。
2) 話し手が上位者である行為要求は，命令であるかのように思われるが，実は必ずしもそうではない。話し手と聞き手が「上対下」の関係

にあっても，求める行為が話し手の規範の及ぶ範囲外に出てしまい，聞き手の規範の及ぶ範囲内に入り込むことで，実行するかどうかを聞き手側が判断するようになることがある。この場合の行為要求は依頼になる。

3) 主観的な事態評価のモダリティでは，話し手が判定者として事態に関わっているが，客観的な事態評価のモダリティでは，話し手は判定者でなく，言及者として事態に関わっている。

4) 動詞の命令形「しろ」，「しなさい」，「てくれ」，「てください」，動詞の禁止形「するな」，「しないでくれ」と，「－いい／いけない」型複合形式，助動詞「べきだ，ものだ，ことだ」，「－いい／いけない」型以外の複合形式は，「DYNAMIC MODALITY＞DEONTIC MODALITY」，「DEONTIC MODALITY＞EPISTEMIC MODALITY」といった方向で文法化が生じていない。それどころか，「てもいい」や「なければならない」，「ものだ」は，「DEONTIC MODALITY＞EPISTEMIC MODALITY」の反例である。にもかかわらず，日本語の可能表現は，「DYNAMIC MODALITY＞DEONTIC MODALITY」といった方向で文法化が起こっていると考えられる。

第4章の注

① これらの成立条件は，言語行為論に基づいたものである。Vanderveken（1990；1994）の言語行為論の用語で言えば，(a) は発語内目的で，(b1) と (b2) は達成の様式で，(c) は命題内容条件で，(d) は予備条件で，(e) は誠実条件である。

② 佐藤（1992：156）では，「てください」を用いた「年長者から年少者へ・目上から目下へ」の依頼の例が挙げられている。(9) と (10) は，その2つである。

③ 「－いい／いけない」型複合形式とは，「～と」，「～ば」，「～たら」，「～ては」，「～ても」，「～ほうが」などの事態を受ける形式と，「いい」，「いけない」，「ならない」などの評価形式が複合したものである

第4章　事態関与型モダリティ

（高梨 2002: 84; 2010: 27; 日本語記述文法研究会 2003: 92）。なお，高梨（2002: 82）と日本語記述文法研究会（2003: 91-92）では，「「−いい／いけない」型複合形式」，「「−いい／いけない」型以外の複合形式」は，それぞれ「評価的複合形式」，「そのほかの複合形式」と呼ばれている。

④ 高梨（2002: 80-120; 2010）では，事態評価のモダリティ表現の意味は，基本的意味と二次的意味に区別されている（日本語記述文法研究会（2003: 91-131）も参照のこと）。二次的意味は，「必要妥当」，「不必要」，「許容」，「非許容」のような基本的意味から「①当該事態の制御可能性」，「②当該事態の実現性」，「③当該事態の行為者の人称」という3つのファクターのあり方により分化しており，たとえば「ばいい」の基本的意味は，「当該事態をある特定のよい結果を得るための必要十分な要件として提示する」であるが，二次的意味は，①から③のファクターにより次のように分化するとされる（高梨 2010: 48, 54）（高梨（2002: 87, 91）も参照のこと）。

		①当該事態の制御可能性	
		制御可能→〈当為判断〉	制御不可能
②当該事態の実現性	未実現	③行為者の人称 ┬聞き手→行為要求 │　　　→〈勧め〉 └聞き手以外 (a)	〈願望〉 (b)
	非実現 ↓ 〈反事実〉	③行為者の人称 ┬話し手→〈後悔〉 │ └話し手以外→〈不満〉 (c)	〈不満〉 (d)

ちなみに，高梨（2010: 48-49）によれば，「①当該事態の制御可能性」とは，「評価の対象となる事態が人の意志によって制御できるものとして捉えられているかどうかを指す」が，「②当該事態の実現性」とは，「評価の対象となる事態が現実において実現したかどうかを示す」という（高梨（2002: 87-88）も参照のこと）。

第5章

命題関与型モダリティ
—認識のモダリティ—

 1. 第5章の内容

　本章では，命題関与型モダリティに属する「認識のモダリティ」について考察する。認識のモダリティの研究は，かなり進んでおり，すでに相当な蓄積がある。本章は，まず，先行研究における認識のモダリティの定義を概観し，命題関与の概念に基づく認識のモダリティの定義を提示する。次に，話し手の関与に基づく主観性と客観性の観点から，認識のモダリティにおける主観性と客観性の対立を説明する。最後に，認識のモダリティ表現の文法化について触れる。

 2. 認識のモダリティの定義

　本節では，先行研究における認識のモダリティの定義を概観し，命題関与の概念に基づく定義を提示する。

2.1. 先行研究における認識のモダリティの定義

　最初に，英語学・言語類型論における認識のモダリティの定義を見てみよう。

第5章　命題関与型モダリティ

- Lyons（1977）：認識のモダリティは，命題の真実性と関係がある。それは，「事実よりも，知識，信念，あるいは見解」に関わっている。（Epistemic modality has to do with the truth of proposition. It is concerned with 'matters of knowledge, belief', or 'opinion rather than fact'.）（Li（2004: 12）参照）

- Coates（1983）：認識のモダリティは，「可能性に対する話し手の仮定または評価に関わっている。そして，多くの場合，それは，命題の真実性に対する話し手の確信（または確信の欠如）を示している」（... is concerned with the speaker's assumptions or assessment of possibilities and, in most cases, it indicates the speaker's confidence (or lack of confidence) in the truth of the proposition expressed）（p. 18）。

- Bybee & Pagliuca（1985）：認識のモダリティは，「命題の全体をそれのスコープに入れて，発話に含まれる命題の真実性または潜在する真実性に対する話し手の評価を表している」（... have the whole proposition in their scope and express the speaker's evaluation of the truth or potential truth of the proposition contained in the utterance）（pp. 63-64）。

- Palmer（1990）：認識のモダリティは，「命題の真実性の蓋然性に関する判断」（judgments about the probability of the truth of the proposition）（p. 5）を表している。

- Palmer（2001）：認識のモダリティは，「命題の事実状態に対する（話し手の）判断」（judgments about the factual status of the proposition）（p. 24）を表している。

- Huddleston & Pullum（2002）：「認識のモダリティは，プロトタイプ的に，過去または現在の事態の事実性に対する話し手の態度に関わっている」（Prototypically, epistemic modality concerns the

speaker's attitude to the factuality of past or present time situations …) (p. 178)。
- Palmer (2003)：「認識のモダリティは，専ら命題の状態に対する話し手の態度に関わっている。」(Epistemic modality is concerned solely with the speaker's attitude to status of the proposition.) (p. 7)

次に，日本語学・日英対照言語学における認識のモダリティの定義を見てみよう。

- 仁田（1991）：「判断といった言表事態めあてのモダリティとは，言表事態が，話し手によって確かなものとして捉えられているのか，不確かさを含むものとして捉えられているのか，どういった徴候の存在の元に推し量られたものであるのかなど，といった言表事態に対する話し手の認識的な態度のあり方を表すものである。」(p. 59)
- 益岡（1991）：「「真偽判断のモダリティ」は，文の真偽性に関する表現者の判断を表す。」(p. 108)
- 中右（1994）：中右（1994）では，認識のモダリティに相当するのは，「真偽判断のモダリティ」と「判断保留のモダリティ」である。「真偽判断のモダリティ」は，「話し手が命題内容の真理値（真偽いずれかの値）について，肯定的あるいは否定的に断定・推定するモダリティのこと。いわゆる断定判断，推定判断のことを指す」(pp. 54-55)。「判断保留のモダリティ」は，「命題内容の真理値について，その真偽判断を保留し，中立的な立場を表明ないしは含意するモダリティのこと」である (p. 56)。
- 仁田（2000）：「認識のモダリティとは，文の内容である事態を，話し手がどのような認識的な態度・あり方で捉えたのか，といったことを表

第 5 章 命題関与型モダリティ

したものである。言い換えれば，事態成立に対する話し手の認識的な捉え方の表示である。」（p. 82）
- 日本語記述文法研究会（2003）：「認識のモダリティとは，事態に対する話し手の認識的なとらえ方を表すものである。」（p. 133）
- 益岡（2007）：「真偽判断のモダリティ」は，「命題に対する真偽判断を表す」（p. 143）。

上に取り上げた英語学・言語類型論における認識のモダリティの定義と日本語学・日英対照言語学における認識のモダリティの定義は，大きな違いはないように見えるが，日本語学・日英対照言語学における認識のモダリティの下位分類（表1）を観察した結果，認識のモダリティに対する両者の捉え方の違いを次のように挙げることができた。

第1に，日本語学・日英対照言語学における認識のモダリティは，一般に，断定判断を含んでいる。たとえば，仁田（1991）の「断定」，益岡（1991）の「断定」，中右（1994）の「断定判断」，仁田（2000）の「確言」，日本語記述文法研究会（2003）の「断定」，益岡（2007）の「断定」などである。これに対して，英語学・言語類型論における認識のモダリティは，一般に，断定判断を含んでいない。この違いについて，湯本（2004: 12-13）は，次のように指摘している。

　命題内容についてのモダリティとして，英語研究には，命題内容の真偽に係わる"epistemic modality"があり，日本語研究にもそれに対応する「真偽判断のモダリティ」（益岡 1991），「認識系—判断」（仁田 1991a）そして「真偽判断」（中右 1994）がある。しかし日本語研究の場合，これらのどれもが断定判断を含んでいる。（中略）一方，英語における"epistemic modality"は，Palmer（1990）の"judgments about the probability of the truth of the proposition"，Palmer（1986）の

"the degree of commitment"が示すように，真偽の断定判断ではなく，あくまでも真偽の可能性判断である。

(湯本 2004: 12-13)

表1　日本語学・日英対照言語学における認識のモダリティの下位分類

仁田 1991	益岡 1991	中右 1994
判断のモダリティ	真偽判断のモダリティ	真偽判断のモダリティ
・話し手の把握・推し量り作用を表すもの 1 断定 2 推量 ・推し量りの確からしさを表すもの ・徴候の存在の元での推し量りを表すもの ・推論の様態に関わるもの	・既定真偽判断 1 断定 2 断定保留 ・未定真偽判断	・断定判断 ・推定判断 判断保留のモダリティ ・疑問・質問態度 ・伝聞判断 ・平叙文直説法
仁田 2000	日本語記述文法研究会 2003	益岡 2007
認識のモダリティ	認識のモダリティ	真偽判断のモダリティ
・判定のモダリティ 1 判定 　①確言 　　a 確認 　　b 確信 　②概言 　　a 推量 　　b 蓋然性判断 　　c 徴候性判断 2 疑い ・伝聞	・断定 1 事実の提示 2 確信的な判断 3 主観的な評価 ・推量 1 推量 2 断定回避 ・蓋然性 1 可能性の認識 2 必然性の認識 ・証拠性 1 観察 2 推定 3 伝聞	・断定 ・非断定 1 定判断 　①断定保留 　②蓋然性判断 　③証拠性判断 　④当然性判断 2 不定判断

第5章　命題関与型モダリティ

　この違いは，英語学・言語類型論のモダリティ研究がモダリティ表現として法助動詞や法副詞のような有標形式のみを扱っているのに対して，日本語学・日英対照言語学のモダリティ研究が無標形式をも扱っているからであると考えられる。

　第2に，証拠性は，仁田（1991）の「徴候の存在の元での推し量りを表すもの」，仁田（2000）の「徴候性判断」と「伝聞」，日本語記述文法研究会（2003）の「証拠性」などのように，日本語学・日英対照言語学においては，認識のモダリティの下位類として位置づけられるのが一般である。一方，英語学・言語類型論においては，認識のモダリティと証拠性の関係（詳しくは，de Haan（1999；2001）参照）に対する捉え方は，研究者によってかなり異なっている。Nuyts（2006: 11）によれば，Palmer（1986）のように，証拠性を認識のモダリティのカテゴリーに入れるという見方もあり，Palmer（2001）のように，証拠性と認識のモダリティを関連づけて，両者を上位カテゴリー（Palmer（2001）では，propositional modality）に入れるという見方もあり，さらにBybee *et al.*（1994）やde Haan（2006）のように，証拠性をモダリティのカテゴリーから除外するという見方もある。

　この2つの違いから，日本語学・日英対照言語学における認識のモダリティのカバーする範囲は，より広いことがわかる。

2.2.　「命題関与」に基づく認識のモダリティの定義

　すでに述べたように，話し手は，思考をことばにして，それを聞き手に伝えて理解してもらうと同時に，何らかの形で事態や命題，聞き手などにも関わっている。本書では，このような話し手の関わりを，事態関与，命題関与，相互関与に大別し，総じて話し手の関与と呼んでいる。繰り返しになるが，そのうち，命題関与とは，話し手が推論者として既存命題から新しい命題を導き出したことで，命題に関わることである。

　こうした命題関与の概念に基づくならば，また繰り返しになるが，認識の

モダリティは，次のように定義することができる。

　認識のモダリティとは，話し手が推論者として新しく導き出した命題に関する，推論の証拠，推論の様式，または命題の（不）確実さに対する捉え方を表すものである。

本書の第2部「認識のモダリティ表現の諸相」では，この定義を踏まえて，「だろう」，「かもしれない」，「はずだ」，「ようだ」，「らしい」，「（し）そうだ」などの認識のモダリティ表現を検討することにする。以下，認識のモダリティにおける主観性と客観性，認識のモダリティ表現の文法化について考えてみたい。

3. 認識のモダリティにおける主観性と客観性

第2章の4節で，モダリティの主観性と客観性は，話し手の関与——事態関与，命題関与，相互関与——が含まれているかどうかで区別されると述べた。認識のモダリティは，前節で提示した命題関与の概念に基づく定義に従うと，主観的であるが，客観的になる場合もある。

3.1. 先行研究の議論

認識のモダリティにおける主観性と客観性については，Lyons（1977）が先駆的な指摘を行った。

Lyons（1977: 797-798）は，認識のモダリティに主観的なものと客観的なものがあるとし，下記の例文を挙げて説明した（さらに，澤田（2006: 43-44），片岡（2013: 131-134）参照）。

　(1) *Alfred may be unmarried.*（アルフレッドが未婚かもしれない。）
　　　　　　　　　　　　　　　　　　　　　　　　（Lyons 1977: 797）

第5章 命題関与型モダリティ

(1) は, Lyons (1977: 797-798) によれば, 2つの解釈が可能である。1つの解釈においては, 話し手は,「自らの不確実さによってアルフレッドが未婚である可能性に対する判断を主観的に述べている」(... subjectively qualifying his commitment to the possibility of Alfred's being unmarried in terms of his own uncertainty) (p. 797)。この場合, (1) は, 主観的な認識のモダリティになる。

もう1つの解釈として, Lyons (1977: 798) は, 次のような状況を挙げている。すなわち, 90人の共同体があって, アルフレッドは, その一員である。そのうち30人は未婚であることはわかっているが, 誰が未婚で誰が既婚であるかはわからない。こうした状況においては,「アルフレッドが未婚である可能性は, 客観的な事実として提示可能(話し手がそれを客観的な事実として提示したいならば)である」(... the possibility of Alfred's being unmarried is presentable, should the speaker wish so to present it, as an objective fact) (p. 798)。この場合, (1) は, 客観的な認識のモダリティになる。

一方, Nuyts (2006: 13-14; 2016: 45) は, Lyons (1977) の主張を次のように整理し, Lyonsの定義した主観性と客観性の違いは, 証拠の質 (the quality of the evidence) にあるとし,「モダリティ的評価の責任は誰にあるのか」(who is responsible for the modal evaluation) という違いによる主観性と客観性(ただし, Nuytsが客観性の代わりに「間主観性」(intersubjectivity) という用語を用いている)の対立について論じている (Nuyts (2001: 33-34) も参照のこと)。

客観的な認識のモダリティは考慮中の事態が真実であるか否かという客観的に測定できる可能性を表すが, 主観的な認識のモダリティはその真実性に関する純粋に主観的な推測に関わる。(... objective epistemic modality expresses an objectively measurable chance that the state of affairs under consideration is true or not, while subjective epistemic modality involves a purely subjective guess regarding its truth.)

(Nuyts 2006: 13; 2016: 45)

Nuyts (2016: 45) によれば，「主観的なモダリティ的評価は，話し手だけの責任（として提示されている評価）であるが，おそらく聞き手を含む（話し手自身も含む）より広範な人たちによって共有されている（ものとして提示されている）モダリティ的評価は，間主観的である」（a subjective modal evaluation is (one which is presented as being) strictly the issuer's own responsibility, an intersubjective one is (one which is presented as being) shared by a wider group of people, possibly including the hearer (but also including the issuer him/herself))（同じく，Nuyts (2006: 14) も参照のこと）。すなわち，前者の場合，モダリティ的評価の責任は話し手にあるが，後者の場合，モダリティ的評価の責任は共同責任である。

3.2.　「話し手の関与」による説明

　ここでは，話し手の関与に基づく主観性と客観性の観点から，認識のモダリティにおける主観性と客観性の対立を説明してみたい。

　認識のモダリティを用いた発話においては，話し手は，命題を提示するとともに，その命題を導き出す推論の証拠もしくは様式，または命題の（不）確実さに対する捉え方を表している。その際に，多くの場合，提示する命題は，話し手自身が推論によって新しく導き出したものである。すなわち，話し手は，推論者として新しい命題を導き出したことで，命題に関わっている。このような話し手の関与（命題関与）が含まれている認識のモダリティは，主観的であると考えられる。

第5章 命題関与型モダリティ

　一方，時には，提示する命題は，同じく誰かが何らかの推論によって導き出したものであるが，話し手が当該推論に介入することを必要としない。こうした命題は，(2)(3)(4)のような，話し手以外の他者がすでに推論によって導き出した，世間一般の通念の内容であったりする。

(2) 親は口うるさい
(3) 映画の続編はつまらない
(4) 男性は女性より筋骨たくましい

　話し手は，自ら推論をせずに直接的にそのような命題を提示し，命題を導き出す推論の証拠もしくは様式，または命題の（不）確実さに対する捉え方を表している。すなわち，話し手は，推論者ではなく，単に他者が推論によって導き出した命題に言及したことで，命題に関わっている。このように話し手の関与（命題関与）が含まれていない認識のモダリティは，客観的であると考えられる。

　以上をまとめると，主観的な認識のモダリティが，話し手が推論者として新しく導き出した命題に関する，推論の証拠，推論の様式，または命題の（不）確実さに対する捉え方を表しているのに対して，客観的な認識のモダリティは，話し手以外の他者が推論によって導き出した命題に関する，推論の証拠，推論の様式，または命題の（不）確実さに対する話し手の捉え方を表していると考えることができる。

　こうした客観的な認識のモダリティを表すことができる表現としては，「にきまっている」が挙げられる。

　「にきまっている」に関しては，澤田（2006：47）は，示唆的な指摘をしている。澤田（2006：47）によれば，(5)における「にきまっている」を，(6)におけるように「にちがいない」に変えると，「客観的認識から主観的認識に変わる」という。すなわち，「にきまっている」の場合，客観

的な認識のモダリティを表している。

(5) 主人は少し渋い顔をして苦笑した。
「ばかだな。今時分，医者の戸を叩くのは急患にきまっている」
(6) ??ばかだな。今時分，医者の戸を叩くのは急患に違いない。

(澤田 2006：47)

また，主観と客観という用語を用いていないが，日本語記述文法研究会（2003：159-160）は，「にきまっている」に関して，「「にきまっている」は，根拠に基づいて推論を組み立てるというより，考えるまでもない自明のこととして，その判断が成り立つことを表すことに，その本質がある」と主張している（宮崎（2002b：149-150）も参照のこと）。日本語記述文法研究会（2003：159）によれば，（7）に示されるように，「にきまっている」は，「必ずしも自明のことではなく，一定の推論が必要であるような場合には不自然になる」が，（8）（9）に示されるように，「推論を経ていない場合や直感的な判断を述べるような場合には，「にちがいない」より「にきまっている」を用いるのが自然である」。

(7) 課長は最近何だか怒りっぽい。かなりストレスがたまっている｛にちがいない／? にきまっている｝。
(8) 誰だって，そんなことを言われたら，おもしろくない｛*にちがいない／にきまっている｝。
(9) 宝くじを買ったって，どうせ当たらない｛? にちがいない／にきまっている｝。

(日本語記述文法研究会 2003：159-160)

澤田（2006：47）と日本語記述文法研究会（2003：159-160）が指摘し

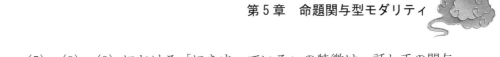

第5章 命題関与型モダリティ

た，(5)(8)(9)における「にきまっている」の特徴は，話し手の関与に基づく主観性と客観性の観点から，次のように説明される。すなわち，(5)(8)(9)では，話し手の提示した命題は，いずれも，話し手以外の他者がすでに推論によって導き出した，世間一般の通念の内容であり，「にきまっている」は，そのような命題の（不）確実さに対する話し手の捉え方を表している。すなわち，(5)(8)(9)の「にきまっている」は，客観的な認識のモダリティ表現として機能していると考えられる。

最後に，主観的な認識のモダリティと客観的な認識のモダリティに関するLyons (1977)，Nuyts (2006; 2016)，および上の筆者の見解を表2にまとめて，本節の締めくくりとしておきたい。

表2　主観的な認識のモダリティと客観的な認識のモダリティ

	主観的な認識のモダリティ	客観的な（Nuyts (2006; 2016)では「間主観的」）認識のモダリティ
Lyons 1977	考慮中の事態の真実性に関する純粋に主観的な推測に関わる	考慮中の事態が真実であるか否かという客観的に測定できる可能性を表す
Nuyts 2006; 2016	話し手だけの責任である	より広範な人たちによって共有されている
筆者	話し手が推論者として新しく導き出した命題に関する，推論の証拠，推論の様式，または命題の（不）確実さに対する捉え方を表している	話し手以外の他者が推論によって導き出した命題に関する，推論の証拠，推論の様式，または命題の（不）確実さに対する話し手の捉え方を表している

4. 認識のモダリティ表現の文法化

第4章の4節ですでに述べたように，文法化の経路「DEONTIC MODALITY＞EPISTEMIC MODALITY」や「OBLIGATION＞PROBABILITY」は，多くの言語に見られる（Heine & Kuteva 2002: 116, 218-219）が，日本語には見られない。

原因の1つとして，通時的に見ると，中古語のモダリティ体系が現代語に受け継がれず，それに加えて，現代語のdeontic modalityとepistemic modalityが異なる表現へ分化している（守屋・堀江 2004: 185-187；黒滝 2006: 36-37）ということが考えられる。守屋・堀江（2004: 185-187）によれば，中古語のモダリティを表す助動詞は，「べし」，「む」のように多義性があり，deonticとepistemicの両義を併存させているが，現代語にはほとんど受け継がれておらず，そして「なければならない」や「にちがいない」のような複合的な形式の登場で多義性を解消していった。結果として，現代語においては，「なければならない」がdeontic modalityを，「にちがいない」がepistemic modalityを表すというように，deontic modalityとepistemic modalityが別形式で分化している。

　また，共時的に見ると，行為要求のモダリティ表現（動詞の命令形「しろ」，「しなさい」，「てくれ」，「てください」，動詞の禁止形「するな」，「しないでくれ」など），および事態評価のモダリティ表現（「－いい／いけない」型複合形式，助動詞「べきだ，ものだ，ことだ」，「－いい／いけない」型以外の複合形式など）は，基本的にdeonticという単一の意味を担っており，「DEONTIC MODALITY＞EPISTEMIC MODALITY」といった方向の文法化がいまだ生じていないと考えられる。

　要するに，日本語においては，通言語的な文法化の経路「DEONTIC MODALITY＞EPISTEMIC MODALITY」や「OBLIGATION＞PROBABILITY」は，観察されない。逆に，その反例が存在するとされている（黒滝 2005: 198-211；玉地 2008: 71；堀江・玉地 2013: 156）（詳しくは，第4章の4節参照）。

　なお，第3章の3.2節で述べたように，文法化の経路「WANT（'want'，'wish'，'desire'）＞FUTURE＞EPISTEMIC MODALITY」があり得るが，日本語においては，その反例が存在すると考えられる（黒滝 2005: 132-133, 208-210）。

　ただし，渋谷（2005:41）が指摘しているように，文法化の経路

「ABILITY＞POSSIBILITY」は，日本語の可能表現についても見出すことができる（詳しくは，第3章の2.1節参照）。

 5. まとめ

最後に，この章で述べたことの要点をまとめておく。

1) 認識のモダリティに対する日本語学・日英対照言語学と英語学・言語類型論の捉え方は，以下の点で異なると考えられる。第1に，一般に，前者における認識のモダリティが断定判断を含んでいるのに対して，後者における認識のモダリティはそれを含んでいない。第2に，証拠性は，前者においては認識のモダリティの下位類として位置づけられるのが一般である。一方，後者においては，認識のモダリティと証拠性の関係は，研究者によってかなり異なっている。

2) 認識のモダリティは，命題関与の概念に基づいて，話し手が推論者として新しく導き出した命題に関する，推論の証拠，推論の様式，または命題の（不）確実さに対する捉え方を表すものであると定義される。

3) 話し手の関与に基づく主観性と客観性の観点からすれば，主観的な認識のモダリティは話し手が推論者として新しく導き出した命題に関する，推論の証拠，推論の様式，または命題の（不）確実さに対する捉え方を表しているが，客観的な認識のモダリティは話し手以外の他者が推論によって導き出した命題に関する，推論の証拠，推論の様式，または命題の（不）確実さに対する話し手の捉え方を表していると考えることができる。

4) Epistemic modalityに関する文法化の経路「DEONTIC MODALITY＞EPISTEMIC MODALITY」や「OBLIGATION＞PROBABILITY」，「WANT（'want', 'wish', 'desire'）＞FUTURE＞EPISTEMIC MODALITY」などは，多くの言語に見られるが，日本語においては観察されない。

逆に，それらの反例が存在すると考えられる。ただし，文法化の経路「ABILITY＞POSSIBILITY」は，日本語の可能表現についても見出すことができる。

第2部
認識のモダリティ表現の諸相

第6章

「だろう」

1. 第6章の内容

本章では，認識のモダリティ表現「だろう」について検討する。まず，「だろう」に関する「推量」と「断定保留」の2つの考え方を概観する。次に，「推量」における想像や思考，および不確実さのあり方をめぐって，「推量」の再考を行う。最後に，この再考に基づいて，「推量」を再規定する。

2. 「推量」と「断定保留」

「だろう」の主な用法は，2つある。1つは，「推量」（寺村 1984；奥田 1984；仁田 1991；2000；2009；三宅 1995；宮崎 2002b；日本語記述文法研究会 2003），あるいは「断定保留」（森田 1980；1989；益岡 1991；2002；2007；益岡・田窪 1992）と称されているが，もう1つは，「確認要求」と称されている。(1)～(6)は前者の例で，(7)～(12)は後者の例である。

(1) 三人で門を出るとき，宇乃は振返って，邸内をなつかしそうに眺めやった。もうこのお邸へも戻ることはないだろう。宇乃はそう思い

ながら，ちょっと眼をつむった。

——お父さま，お母さま。

虎之助さんを護ってあげて下さい。と宇乃は心のなかで云い，それから歩きだした。

（山本周五郎『樅ノ木は残った』）

(2) 「俺は旅へゆこう。そして雪のない，いい国で働こう。金がもうかり，おもしろいことがたくさんあって，いい暮らしができる<u>だろう</u>。そうすれば，俺は，もう一度この村に帰って，みんな家も圃も売って，後始末をつけて出直すつもりだ。そして，旅で一生を送ることにしよう。」と，男は考えました。

（小川未明『おかしいまちがい』）

(3) 知行は三百石である。しかし抽斎は心を潜めて古代の医書を読むことが好で，技を売ろうという念がないから，知行より外の収入は殆どなかった<u>だろう</u>。ただ津軽家の秘方一粒金丹というものを製して売ることを許されていたので，若干の利益はあった。

（森鴎外『渋江抽斎』）

(4) もしあの当時，民間テレビだとか，出版社系週刊誌だとかいった門戸が出現しなかったとすれば，Ｉと私は間違いなくオデン屋か酒場のマスターとして再会していた<u>だろう</u>。さしずめ私は偽洋酒を売りこみに行くインチキ・ブローカーにでもなっていたに違いない。

（五木寛之『赤線の街のニンフたち』）

(5) バスの中で，江藤はふと思い当るような気がした。気位の高い女は一般に嫉妬ぶかい女だ。それは大学の女子学生を見ていれば解ることだった。康子は嫉妬心の強い女である<u>だろう</u>。それを逆用することも考える必要がある。彼女が江藤をホテルまで呼出して，あのような（宣言）をせずにはいられなかったというのは，実は江藤に関心をもっていることの証明であるかも知れない。

（石川達三『青春の蹉跌』）

第6章 「だろう」

(6) 聖子の視線は，かたわらの茶簞笥へと移っていった。その中には薬の袋がある。最近眠れない夜をすごす聖子のために，いつぞや下田の婆やが持ってきてくれた睡眠剤である。まだ十包は残っている<u>だろう</u>。あれを一遍にのんだなら，そのまま二度と覚めることのない眠りにはいれるだろうか？

(北杜夫『楡家の人びと』)

(7) 「じゃ道也先生に違ない。——世の中は随分無慈悲なものだなあ。——君番地を知ってる<u>だろう</u>」
「番地は聞かなかった」

(夏目漱石『野分』)

(8) 「ここは社長室<u>だろう</u>」
と大畑は言った。
「はあ，さようで」

(赤川次郎『女社長に乾杯！』)

(9) 初秋の日脚は，うそ寒く，遠い国の方へ傾いて，淋しい山里の空気が，心細い夕暮れを促がすなかに，かあんかあんと鉄を打つ音がする。
「聞える<u>だろう</u>」と圭さんが云う。
「うん」と碌さんは答えたぎり黙然としている。隣りの部屋で何だか二人しきりに話をしている。

(夏目漱石『二百十日』)

(10) 「まだ遠いですか？」
「もうすぐそこだ。それ向こうに丘が見える<u>だろう</u>。丘の手前に鉄道線路がある<u>だろう</u>。そこに国旗が立っている，あれが新台子の兵站部だ」

(田山花袋『一兵卒』)

(11) 「御前此所へ帰って来て，宅の事を監理する気はないか」と兄が私

を顧みた。私は何とも答えなかった。
　　　「御母さん一人じゃ，どうする事も出来ない<u>だろう</u>」と兄が又云った。兄は私を土の臭を嗅いで朽ちて行っても惜しくないように見ていた。

(夏目漱石『こころ』)

(12)　「いい知恵なんかおらいらねえ」と清七は首を振った，「おらあただ，おめえの気持さえ聞かしてもらえばいいんだ」
　　　「だから，それは困ると云ってる<u>だろう</u>」

(山本周五郎『さぶ』)

　「だろう」の確認要求の用法は，蓮沼（1995）の用語で言えば，「推量確認」（（7）（8）），「共通認識の喚起」（（9）（10）），「認識形成の要請」（（11）（12））の3種類に分けられる。「推量確認」とは，「話し手が直接的には知り得ない事柄で，聞き手が直接知っていると見込まれる，あるいは，聞き手に最終的判断の決定権があるような事柄について，話し手の推測の妥当性を聞き手に承認してもらうといった用法なのである」（p. 395）。「共通認識の喚起」とは，「当該の事態にまだ気づいていない聞き手に対し，自分と同様の認知状態をその場で形成するように聞き手を誘い込む用法である」（p. 400）。「認識形成の要請」とは，「「分かって当然のことなのだから認識せよ」といった気持ちで，話し手が聞き手に認識を要請するものである」（p. 394）。

　以下，(1)～(6)における「だろう」の用法に関する「推量」と「断定保留」の2つの考え方を概観してみよう。

2.1.　「推量」

　(1)～(6)における「だろう」の用法を「推量」として捉えている研究には，寺村（1984），奥田（1984），仁田（1991；2000；2009），三宅（1995），宮崎（2002b），日本語記述文法研究会（2003）などがある。

第6章 「だろう」

　そのうち，「推量」を明確に定義した研究としては，奥田（1984），三宅（1995），仁田（2000；2009），宮崎（2002b），日本語記述文法研究会（2003）が挙げられる。

　奥田（1984）は，「推量」の代わりに「おしはかり」という用語を使っている。奥田は，述語に「だろう」を伴う文のことを「おしはかりの文」と呼び，「おしはかりの文は，経験のなかにすでに確認されている事実，あるいはすでに証明されている判断をよりどころに，そこから想像あるいは思考によってあらたにひきだされる出来事をえがきだしている。したがって，おしはかりの文にえがきだされる出来事は，直接的な経験があたえる事実ではなく，《おしはかる》という間接的な認識の結果である」（p. 59）と述べている。また，奥田（1984: 58）によれば，「おしはかりの文」は，「不たしか」であるという。

　三宅（1995: 85）は，「推量」を「話し手の想像の中で命題を真であると認識する」と定義し，「現実の世界ではなく，想像の世界において命題をとらえるという点が推量の基本的な特徴である。命題を真であると認識しているといってもそれは話し手の想像の世界での認識であるので，結果としてその命題の真偽は不確実であることが表される」と説明している。また，三宅は，「だろう」は，「真偽が現実の世界では確かめられないような命題に対して，想像の世界において真であると認識している，というような意味を表していると思われる。まさに前述の推量が表されていると言える」（p. 85）と述べている。

　仁田（2000: 116；2009: 132）は，「推量」を「命題内容である事態の成立・存在を不確かさを有するものとして，想像・思考や推論の中に捉えるものである」と定義し，「推量」は，「だろう」とそのバリアントおよび「まい」で表されるとしている。

　宮崎（2002b: 133）は，「推量」は，「話し手の経験の外にある事実を想像や思考によって認識することである」とし，「「だろう」は，話し手が

その出来事を，想像・思考という間接的な認識によって捉えていることを表す。想像・思考の中で捉えたにすぎず，経験的な事実として確認されているわけではないという，認識面での不確かさを表すのが，「だろう」である」と述べている。

日本語記述文法研究会（2003：148）は，「推量」は，「想像や思考によって，その事態が成立するとの判断を下すことである」とし，「だろう」について「想像・思考という不確かな認識によって判断を下すことから，「だろう」の文には，独断的なニュアンスが伴いやすく，話しことばよりも，論説的な文章などの書きことばで用いられることが多い」と述べている。

2.2. 「断定保留」

「断定保留」の考え方をとる研究としては，森田（1980；1989），益岡（1991；2002；2007），益岡・田窪（1992）などがある。

森田（1980：222；1989：594）は，上の（1）～（6）における「だろう」に関しては，「話し手がはっきりこうと言い切ることを差しひかえて，断定を保留するときに用いる言い方である。慎重さや，自信のなさや，不確かなことで断言が差しひかえられる気分のときなどに用いられる」と述べている。

益岡は，森田と基本的には同じ考えに立ち，一連の研究（益岡 1991；2002；2007；益岡・田窪 1992）で「だろう」を「断定保留」という用語を使って分析している。「断定保留」は，益岡（1991：110）では，「真であることを限定を加えた上で認める」ものとされ，益岡（2002：7-8；2007：144）では，「真であるとの確信が持てなかったり聞き手との関係で断定を差し控えたりといった事情で断定を保留するものである」とさらに詳しく定義されている。

（1）～（6）における「だろう」に関しては，益岡（1991：112）は，

第6章 「だろう」

「当該の真偽判断が表現者個人の判断であるという限定を付するところに特徴がある。言うならば，「私的な判断」であることを明示して，断定的な表現になることを避けるわけである」と述べている。また，「だろう」の確認要求の用法に関しては，益岡は，「この場合，話し手は当該の事態が成り立つかどうかの判断について断定を保留し，その判断を下し得ると想定される聞き手に対して考えを求めるわけである。断定保留の意味から確認要求の意味に至る道筋は，自然で無理のないものであるように思われる」（p. 112）というふうに，「断定保留」の観点から説明している。

以上，(1)～(6)における「だろう」に関する「推量」と「断定保留」の2つの考え方を概観した。両者を比べればわかるように，「推量」が「だろう」を心理的・認識論的な側面で捉えたものであるのに対して，「断定保留」は，「だろう」を社会的・語用論的な側面で捉えたものである。本書は，「推量」の考え方をとる。

3.「推量」の再考

「推量」（奥田（1984）では，「おしはかり」）に関する奥田（1984），三宅（1995），仁田（2000；2009），宮崎（2002b），日本語記述文法研究会（2003）の見解にほぼ共通しているのは，次の2点であろう。すなわち，①「推量」は，話し手が想像や思考の中で命題を捉えることである。②「推量」は，不確実さを含む。しかしながら，「推量」における想像や思考，および不確実さのあり方については，これらの研究においては十分説明されていないと言える。ここでは，「推量」における想像や思考，および不確実さのあり方について筆者の見解を述べて，その上で，「推量」を再規定してみたい。

3.1. 「想像や思考」と「不確実さ」のあり方

筆者の考えでは，「推量」を表す「だろう」の文の命題は，上の（1）〜（6）に見られるように，直接的に話し手の感覚によって得たり話し手の記憶から想起されたりしたものではなく，話し手が推論によって得たものである。ここで言う「推論」は，広い意味で，演繹推理，帰納推理，類推などを含む，既存命題から新しい命題を導き出す心的過程を指している。

したがって，以下の（13）（14）に見られるように，文の命題が直接的に話し手の感覚によって得たり話し手の記憶から想起されたりしたものであれば，断定形の文が適格であるのに対して，「だろう」の文は，不適格となってしまう。

(13) 田川の鉄橋の近くまで行った時だった。向こうのクヌギ林の中から，黒いけむりを吐いて，汽車がやってきた。
「あっ，汽車｛だ／*だろう｝。」
（山本有三『路傍の石』）

(14) 「それからどうしました」
弁護士が訊いた。
「それから私は修一郎の目をのぞきこみ，彼の胸にナイフを｛突きたてました／*突きたてたでしょう｝。そして私はナイフを抜くと，つぎのように｛言ったのです／*言ったのでしょう｝。殺したいところだが助けてやる，以後俺の前に現われるな，下衆野郎，と。そしてナイフを修一郎のそばに投げ，茶の間に｛行きました／*行ったでしょう｝」
行助は答えてから腰をおろした。
（立原正秋『冬の旅』）

すなわち，（1）〜（6）におけるように「推量」を表す「だろう」の文

第6章 「だろう」

と，(13)(14)におけるように話し手の感覚や想起を述べる断定形の文とは，前者の命題が推論によって得たものであるが，後者の命題が感覚によって得たり記憶から想起されたりしたものであるという点で異なっている。それだけではなく，前者が不確実さを伴うのに対して，後者が不確実さを伴わないという点でも異なっている。具体的に言うと，次のようになる。

「推量」を表す「だろう」の文では，文の命題が推論によって既存命題から新しく導き出されたが，①既存命題の質や量が不十分である，②推論が妥当ではない，③文の命題が検証しにくい，④推論はあくまで推論であると意識している，などの原因で，結局は，文の命題の表す事態が現実世界や仮定世界において「過去／現在／未来」で「起こった／起こっている／起こる」かどうか確認できないと話し手が認識している。このような話し手の認識を「不確実さ」と言う。すなわち，「推量」を表す「だろう」の文は，不確実さを伴っている。

その一方で，話し手の感覚や想起を述べる断定形の文では，文の命題の表す事態が現実世界において「過去／現在」で「起こった／起こっている」かどうか確認できる（できた）と話し手が認識している。このような話し手の認識を「確実さ」と言う。話し手の感覚や想起を述べる断定形の文は，確実さを伴っている。

このように考えると，「だろう」によって表される「推量」においては，いわゆる「想像や思考」は，単なる感覚や想起ではなく，既存命題から新しい命題を導き出す推論であり，「不確実さ」は，文の命題の表す事態が現実世界や仮定世界において「過去／現在／未来」で「起こった／起こっている／起こる」かどうか確認できないという話し手の認識であると考えることができる。

3.2.　「推量」の再規定

以上の議論を踏まえて，「だろう」によって表される「推量」を次のように再規定しておきたい。

推量とは，話し手が推論によって既存命題から新しい命題を導き出し，当該命題の表す事態が現実世界や仮定世界において「過去／現在／未来」で「起こった／起こっている／起こる」かどうか確認できないと認識した，という心の動きである。

これを簡略にまとめると，「推量＝推論＋不確実さ」という等式になる。

最後に，「不確実さ」と「確実さ」の規定に用いられる「現実世界」という概念について補足して，本節の締めくくりとしたい。ここで言う現実世界は，直接的に心に映るのではなく，個人の認知というフィルターを通して心に映る。また，現実世界が認知というフィルターを通される際に，しばしば誤りや歪みが生じる。たとえば，図1は，渦巻きに見えるが，実際は同心円状に描かれており，フレーザー錯視（Fraser illusion）と呼ばれる幾何学的錯視の図形である。したがって，現実世界は，認知というフィルターを通して誤りや歪みをしばしば伴いながら心に映ったものであり，個人によって異なっていると考えられる。それゆえ，このような現実世界において命題の表す事態が「起こった／起こっている／起こる」かどうか確認できるという認識であれ，確認できないという認識であれ，聞き手や第三者に必ずしも共有されず，話し手の個人的なものである。

図1　幾何学的錯視：フレーザー錯視（Seckel 2005: 6）

第6章　「だろう」

4. まとめ

最後に，この章で述べたことの要点をまとめておく。

1) （1）～（6）における「だろう」の用法に関しては，「推量」と「断定保留」の2つの考え方が挙げられる。両者を比べればわかるように，「推量」が「だろう」を心理的・認識論的な側面で捉えたものであるのに対して，「断定保留」は，「だろう」を社会的・語用論的な側面で捉えたものである。

2) 「推量」に関する先行研究の諸見解にほぼ共通しているのは，①「推量」は，話し手が想像や思考の中で命題を捉えることである。②「推量」は，不確実さを含む，という2点である。

3) 「推量」においては，いわゆる「想像や思考」は，既存命題から新しい命題を導き出す推論であり，「不確実さ」は，命題の表す事態が現実世界や仮定世界において「過去／現在／未来」で「起こった／起こっている／起こる」かどうか確認できないという話し手の認識である。

4) 「推量」は，話し手が推論によって既存命題から新しい命題を導き出し，当該命題の表す事態が現実世界や仮定世界において「過去／現在／未来」で「起こった／起こっている／起こる」かどうか確認できないと認識した，という心の動きと再規定される。

第7章

「かもしれない」

1. 第7章の内容

本章では，認識のモダリティ表現「かもしれない」について検討する。まず，「かもしれない」の基本的意味を考える。次に，「かもしれない」の基本的意味から派生した「是認―反論」の用法，および「Pかもしれないし，Qかもしれない」構文を見る。最後に，「かもしれない」の話し手自身の記憶の呼び起こしを表す用法を考察する。

2. 基本的意味

（1）～（6）における「かもしれない」の意味は，「かもしれない」の基本的意味であると考えられる。

(1) 今朝四人は粥をすすった。粥腹で厳冬の槍の穂へ出かけたのだから，彼等三人はぺこぺこに腹をへらして帰って来るに違いない。あるいは凍傷寸前の状態で帰って来る<u>かもしれない</u>。

（新田次郎『孤高の人』）

(2) 母親と娘きりの寂しい家庭を，僕がしげしげ訪れるようになったの

第 7 章　「かもしれない」

　　も，謂わば亡くなった兄の代りに，この小さな妹を見てやらなければならないという義務感が，僕の底にあったから<u>かもしれない</u>。藤木忍の同級生たち，矢代や森や石井なども，代る代るこの家庭を訪問したが，僕は中でも最も足繁く訪れた一人だった。それにはこの家庭のもつ暖かさが，僕のような孤独な大学生に何よりの慰めになったことも原因している。

　　　　　　　　　　　　　　　　　（福永武彦『草の花』）

(3)　私も，やがて，としをとれば，素晴らしい恋愛論が書けるようになる<u>かもしれない</u>。書けるようになりたいとおもっている。一人や二人の男を知っただけでは本当の恋愛なんて判らないのじゃないだろうか……。やがて，壮麗な恋愛論を一つ書きたいものだ。

　　　　　　　　　　　　　　　　　（林芙美子『恋愛の微醺』）

(4)　「いえ場所が悪いからだ」と今度は広田先生が言った。「あまり人通りが多すぎるからいけない。山の上の寂しい所で，ああいう男に会ったら，だれでもやる気になるんだよ」

　　「その代り一日待っていても，だれも通らない<u>かもしれない</u>」と野々宮はくすくす笑い出した。

　　三四郎は四人の乞食に対する批評を聞いて，自分が今日まで養成した徳義上の観念を幾分か傷つけられるような気がした。

　　　　　　　　　　　　　　　　　（夏目漱石『三四郎』）

(5)　「さて，どうしよう……」

　　せっかくここまで来たのだ。何とかして昌也の部屋へ入れれば，何か手がかりでも見付かる<u>かもしれない</u>。

　　家宅侵入だが，殺人事件なのだ，それぐらい構やしない。──素人なので無茶苦茶なことを考えて，玄関へ回ってみた。

　　　　　　　　　　　　　　　　　（赤川次郎『女社長に乾杯！』）

(6)　仕方なく港の方に歩きかけて，私はふと由加子はどうしているだろう

かと考えたのです。すでに結婚して母親となっている<u>かもしれない</u>。私の足は自然に町外れの由加子の家のあった方に向いていました。

(宮本輝『錦繡』)

(1)～(6)におけるような「かもしれない」は，2つの重要な性質が見られる。1つ目は，推論に関わることである。「かもしれない」の文も推量を表す「だろう」の文と同様に，その命題が直接的に感覚によって得たり記憶から想起されたりしたものではなく，推論によって得たものである。

2つ目は，特定の確信度を表すことである。ここで言う確信度とは，命題（の表す事態が現実世界や仮定世界において「過去／現在／未来」で「起こった／起こっている／起こる」という判断）に対して，話し手がどれぐらい確信を持っているかということである。「かもしれない」の文では，話し手は，低い確信度といった特定の確信度を持っている。推量を表す「だろう」の文でも話し手は，（「かもしれない」や「ようだ」より高いが「らしい」より低い確信度（詳しくは，ジョンソン（1999）参照）といった）特定の確信度を持っているわけであるが，「だろう」が特定の確信度を明示しない。これに対して，「かもしれない」は，特定の確信度を明示すると考えられる。

ここでは，(1)～(6)に示したような，「かもしれない」の基本的意味を次のように捉えることにする。

「かもしれない」の基本的意味は，推論によって得た命題に対する話し手の低い確信度を表すことである。

3.「是認―反論」の用法

次の(7)(8)(9)(10)における「かもしれない」の用法は，基本的意味から派生したものと考えられ，「是認―反論」と呼ばれる。「是認―反

第7章　「かもしれない」

論」の「かもしれない」は，主として「～かもしれないが，～」のような構文に使われる。

(7)　「わたしたち遭難したのかしら」
　　「とんでもない園子さん，登山って，少しおそくなると，こういうふうに懐中電灯をつけて歩くのが当り前のことなんです」
　　「あなたがたには<u>当り前かもしれませんが</u>，わたしにはちっとも当り前ではないわ。だいたい，全然山を知らない私をこんな目に会わせて失礼じゃないの」

（新田次郎『孤高の人』）

(8)　「妙なことを言い出すな。たとえばだね，病気になった時に，妻子は親身になって世話をしてくれる」
　　「<u>それはそうかもしれないが</u>，ぼくはずっと以前から，病気をしないことにきめているんだ。だから，そのたぐいの恩恵にあずかる必要もないだろう」

（星新一『人民は弱し，官吏は強し』）

(9)　「なあんだ，じゃ牧師だって，自分の妻を裏切ることはないとはいえないじゃないか」
　　「そうよ，<u>そうかもしれないけれど</u>，でも，うちの教会の牧師さまはそうではないわ。そんな悪い牧師は百人のうち一人もいないと思うの。まあ，そりゃあごくごくたまにいるかもしれないけど……」

（三浦綾子『塩狩峠』）

(10)　帝は，お顔を振って，
　　「猟へ出よとか。田猟は聖人の楽しみとせぬところ。朕も，それ故に，猟は好まぬ」
　　「いや，<u>聖人は猟をしないかもしれませんが</u>，いにしえの帝王は，春は肥馬強兵を閲し，夏は耕苗を巡視し，秋は湖船をうかべ，冬は狩

猟し，四時郊外に出て，民土の風に親しみ，かつは武威を宮外に示したものです。（下略）」

（吉川英治『三国志』）

「是認―反論」は，そもそも澤田（2006）の用語である。澤田（2006: 351-382）は，「～かもしれないが，～」のような構文を「是認―反論」構文の1つ[①]として捉えている。「是認―反論」構文とは，相手の主張について「それはそれとして認めつつも，異なった観点から自らの主張をそれにぶつけ，（部分的に）反論すること」（p. 352）を表すものである。

森山・安達（1996: 30）は，「是認―反論」の「かもしれない」に関して，「「～かもしれませんが，～。」「～かもしれません。しかし，～。」のような文型をとって，相手の言ったことをいったん認めたことにしておいて反論を加える」という，澤田（2006）と同じ見解を述べている。また，宮崎（2002b: 147）と日本語記述文法研究会（2003: 154）のように，「是認―反論」の「かもしれない」を「譲歩」という用語で説明している研究もある。

4.「Pかもしれないし，Qかもしれない」構文

（11）（12）（13）（14）に示されるように，「かもしれない」は，「Pかもしれないし，Qかもしれない」構文に使われ，相矛盾する命題Pと命題Qを並立させることができる（仁田 2000: 130；2009: 145；庵・高梨・中西・山田 2000: 133；宮崎 2002b: 145；日本語記述文法研究会 2003: 153）。

（11）「つまり，さくら女史が小野君に語ったところは，やはり真実であった。藤本はやはり，さくら女史のかくし子であり，その事実を知っていた人物のために，脅迫されていた。そして，その人物とい

第 7 章 「かもしれない」

うのは，男であったかもしれないし，ひょっとすると，いまのあなたのように，男装した女だったかもしれない。──」

(横溝正史『蝶々殺人事件』)

(12) 「そうだなぁ。すぐそばに，木星みたいに大きな惑星があるわけだから，それがいつも空に浮かんで見えるんだろうね。それから，これは衛星の場合に限らないけど，『第二の地球』の1日が24時間である保証はないね。もっと短いかもしれないし，長いかもしれない。たとえ人類が住めるような星だとしても，生活のスタイルはまるで変えないとダメだろうなぁ」

(有本信雄『この宇宙に地球と似た星はあるのだろうか』)

(13) 「男は後になってわかるクジみたいなもんなんだよ。もしかすると大当たりかもしれないし，大はずれかもしれない。だけどその時，選んだ女はあたふたとしないことだね」

(林真理子『最終便に間に合えば』)

(14) 「それじゃ，あの円盤の中には，どこかの星の世界の人間が，はいっているのでしょうか。」

「はいっているかもしれない。いないかもしれない。だれも，はいっていなくても，機械のちからで，偵察できるからね。われわれ地球の人間が発明した，無線操縦飛行機のことを考えてみたまえ。どこかの星の世界には，あれよりもっと進歩した機械があるかもしれない。そうすれば，中に人間がはいっていなくても，じゆうに円盤を飛ばすことができるし，地球のありさまを，写真にとることもできるわけだからね。」

(江戸川乱歩『宇宙怪人』)

「かもしれない」が低い確信度を表すので，「Pかもしれないし，Qかもしれない」構文は，結局は，低い確信度を有する，相矛盾する命題Pと命題Qの

並立となる。その全体的な意味は，「PかQか知らない／わからない」ということである。実際には，上の（11）（12）（13）（14）は，次のようにパラフレーズすることが可能である。

(11') その人物というのは，男であった<u>か</u>，いまのあなたのように，男装した女だった<u>か</u>知らない／わからない。

(12') もっと短い<u>か</u>，長い<u>か</u>知らない／わからない。

(13') 大当たり<u>か</u>，大はずれ<u>か</u>知らない／わからない。

(14') はいっている<u>か</u>，いない<u>か</u>知らない／わからない。

なお，命題Pと命題Qは，相矛盾するにもかかわらず，同一の推論によって得た2つの命題，あるいは同一の推論によって得た複数の命題の2つである。

5. 記憶の呼び起こしを表す「かもしれない」

次の（15）（16）のように，「かもしれない」には，話し手自身の記憶の呼び起こしの用法もある（仁田 2000：131；2009：145-146；宮崎 2002b：147；日本語記述文法研究会 2003：154）。

(15) （「鍵を掛けてきたかな」という自らの疑念に対して）「ひょっとしたら<u>掛けてこなかったかもしれない</u>／??掛けてこなかっただろう」

（仁田 2000：131；2009：145-146）

(16) 急いでいたので，エアコンを切らずに来た{かもしれない／?だろう}。

（日本語記述文法研究会 2003：154）

第7章 「かもしれない」

5.1. 仁田と日本語記述文法研究会の説明

　仁田（2000：117, 132；2009：133, 146-147）は，(15)(16)におけるような「かもしれない」の適格性について，「「カモシレナイ」類が，単に，事態の成立を想像・思考や推論の中に捉えた，ということを表しているだけ」ではなく，「事態の成立を，確からしさの度合いへの言及を焼きつけたあり方で表している」ことに起因していると説明している。そして，「だろう」の不適格性について，「推量が，記憶を呼び起こす（したがって定かでない場合があるにしても）ことによってではなく，想像し思考し推論することで，事態の成立・存在を捉えているからである」と述べている。

　日本語記述文法研究会（2003：148, 154）は，「かもしれない」の適格性と「だろう」の不適格性について，「「かもしれない」は，可能性の存在のみを問題にし，未知の事柄の真偽を判定する形式ではないので，話し手の記憶の呼び起こしや行動予定について用いることが可能である。一方，未知の事柄の真偽を判定する形式である「だろう」は，そうした状況では用いにくい」とし，「「だろう」は，基本的に，推量を表す形式である。推量とは，想像や思考によって，その事態が成立するとの判断を下すことである。（中略）推量の対象となるのは，話し手にとって本来知りえないことであるので，不確かなことであっても，話し手の記憶の中にある事柄や話し手自身の行動予定に「だろう」を用いることは自然ではない」と述べている。

5.2. 中国語と英語の場合

　ところで，仁田（2000；2009）と日本語記述文法研究会（2003）の考え方によれば，「かもしれない」の話し手自身の記憶の呼び起こしの用法を一応は説明することができるが，次のような中国語と英語の現象は説明できないと考えられる。

　まず，中国語の場合を見てみよう。(15)(16)の中国語訳（15'）(16'）で示したように，中国語の語感からすれば，話し手自身の記憶の呼び起こしの用法には，「かもしれない」に当たる「可能」よりも，「よう

だ」に当たる「好像」のほうがふさわしいと思う。「可能」を使うと，低い確信度を表すという意味が読み取れる。

(15') ひょっとしたら掛けてこなかった<u>かもしれない</u>。
　　　？我<u>可能</u>没锁门就来了。
　　　○我<u>好像</u>没锁门就来了。
(16') 急いでいたので，エアコンを切らずに来た<u>かもしれない</u>。
　　　？太着急了，我<u>可能</u>没关空调就来了。
　　　○太着急了，我<u>好像</u>没关空调就来了。

なお，BCC現代漢語語料庫（BCC現代中国語コーパス）②で「我可能v过*」，「我好像v过*」，「我可能没v*」，「我好像没v*」，「我可能没有v*」，「我好像没有v*」，「我记得可能v*」，「我记得好像v*」，「记得我可能*」，「记得我好像*」（我＝私；可能＝〜かもしれない；v＝動詞；过＝〜したことがある；*＝連続する文字；好像＝〜ようだ；没＝〜しなかった；没有＝〜しなかった；记得＝覚えている）など，「可能」または「好像」を用いて話し手自身の記憶の呼び起こしを表すと思われる構文を検索したところ，表1と表2のような検索結果が得られた（2019年6月26日に検索）。

表1　BCCにおける「可能」を用いて話し手自身の記憶の呼び起こしを表す構文

	文学	新聞・雑誌	ウェイボー	科学技術	合計
我可能v过*	7	1	16	1	25
我可能没v*	0	0	18	0	18
我可能没有v*	1	0	7	0	8
我记得可能v*	0	0	0	0	0
记得我可能*	0	0	0	0	0
合計	8	1	41	1	51

単位：件

第7章　「かもしれない」

表2　BCCにおける「好像」を用いて話し手自身の記憶の呼び起こしを表す構文

	文学	新聞・雑誌	ウェイボー	科学技術	合計
我好像v过*	19	4	68	0	91
我好像没v*	1	1	119	1	122
我好像没有v*	2	2	65	2	71
我记得好像v*	1	0	38	1	40
记得我好像*	0	0	18	0	18
合計	23	7	308	4	342

単位：件

　表1と表2の検索結果の全件が話し手自身の記憶の呼び起こしを表すわけではないが，「可能」よりも，「好像」のほうがその用法に使われやすいという傾向が見られる。

　そして，英語の場合については，森山（1995：173）には，「"must"や"may"のような形式は，未知推測タイプの内容について使われるのが普通であり，直接経験忘却タイプでは"I think"を使うのが普通である」という指摘がある。

　以上要するに，日本語では，「かもしれない」が話し手自身の記憶の呼び起こしの用法に使われるとされているが，中国語と英語では，「かもしれない」に当たる「可能」とmayではなく，別の表現がその用法にふさわしいということである。この点については，仁田（2000；2009）と日本語記述文法研究会（2003）の考え方では，説明できない。実は，中国語と英語のことを考慮に入れると，仁田（2000；2009）と日本語記述文法研究会（2003）の考え方自体を再検討する必要があるのではないかと思われてくる。

6. まとめ

　最後に，この章で述べたことの要点をまとめておく。
1)　「かもしれない」の基本的意味は，推論によって得た命題に対する話

し手の低い確信度を表すことである。
2) 「Pかもしれないし，Qかもしれない」構文は，低い確信度を有する，相矛盾する命題Pと命題Qの並立であり，その全体的な意味は，「PかQか知らない／わからない」ということである。
3) 日本語では，「かもしれない」が話し手自身の記憶の呼び起こしの用法に使われるとされている。しかし，中国語と英語では，「かもしれない」に当たる「可能」と*may*ではなく，「好像」や*I think*など別の表現がその用法にふさわしい。

第7章の注

① 澤田（2006：352，354）によれば，日本語の「是認─反論」構文には，「～は確かだが／確かに～が，（しかし）～」，「～かもしれないが，（しかし）～」などがあり，英語の「是認─反論」構文には，"may / might ～ but"，"true ～ but"，"certainly ～ but"，"really ～ but"，"of course ～ but"，"I agree ～ but"などがある。
② 北京語言大学が開発した中国語コーパスである。文学（30億字），新聞・雑誌（20億字），ウェイボー（30億字），科学技術（30億字）などのジャンルがある。URL: http://bcc.blcu.edu.cn

「はずだ」

1. 第8章の内容

本章では，認識のモダリティ表現「はずだ」について検討する。まず，「はずだ」の先行研究の議論を概観する。次に，「はずだ」の各用法を説明する。最後に，「はずだ」の「推論」の用法を取り上げて考えてみる。

2. 「はずだ」の用法

「はずだ」は，本書で扱う認識のモダリティ表現のうち，文法化の程度が比較的に低いものであり，「はずだ」の「はず」が「'もとの'実質的な意味が稀薄になってはいるけれども，全くもとの素姓を失ってしまっているともいえない」（寺村 1984: 264）。そのためか，「はずだ」の用法は，多様である。本節では，例を見ながら先行研究の議論を概観して「はずだ」の各用法を説明する（「はずだ」の体系的な記述については，太田（2005）を参照のこと）。

2.1. 先行研究の議論

(1) 俺は行くなと言ったはずだ。

(仁田 1991：106)

(2) 昨日，君には，集合時間を言っておいたはずですよ。（遅刻した人に）

(森山・安達 1996：36)

（1）（2）におけるような「はずだ」に関しては，仁田（1991：106）は，「はずだ」は「相手が忘れていたり，故意に実行しなかったことを，相手をなじる調子で，確認させるといった場合にも使われる」と指摘している。森山・安達（1996：36）は，「はずだ」には「相手が知っているべきことを忘れている場合に，それを思い出させる用法がある。当然覚えているべきだということを強調することになる」と述べている。宮崎（2002b：152）は，「聞き手も当然それを知っているにもかかわらず，それと矛盾した言動をしているというような場合には，「はずだ」は，確認要求相当の機能をもつ」と指摘している。また，日本語記述文法研究会（2003：161）は，それは「話し手が認識している過去のいきさつに反するような行動をとった聞き手を非難する用法」であると述べている。

(3) 10分くらいでこちらに到着するはずなのに，まだ来ていない。

(益岡 1991：118)

(4) 「確かに切れておりました。低い方の弦が」
　　「おかしいな，夕方調律したはずなのに」

(宮崎 2002b：152)

（3）（4）におけるような「はずだ」に関しては，益岡（1991：118）

第8章 「はずだ」

は,「「はずだ」は推論の帰結と現実の事態とのずれを表現することもできる」と指摘している。森山・安達(1996: 36)は,「はずだ」は「自分が確かだと思っていたことに反する情報が得られたときにしばしば使われる」と述べている。宮崎(2002b: 152)は,例(4)を挙げて「次のような例では,記憶に照らせば,当然そのような事実があったことになるという認識を表している。(中略)この例がそうであるように,「はずだ」は,「自分は当然こうであると考えているのに,現実の状況はそれに反している」というような文脈で使用されることが少なくない」と指摘している。

(5) フランスで中学まで行かれたのですか。道理で,フランス語が流暢なはずですね。

(寺村 1984: 271)

(6) A「昨日の夜,地下鉄の駅で浜田さんに会ったよ」
　　B「そうですか。電話をしたけど出ないはずだ」

(森山・安達 1996: 36)

(5)(6)におけるような「はずだ」に関しては,寺村(1984: 271)は,それは「ある事実(Q)について,どうしてそうなのかと思っていたら,その疑問に答えるための他の事実(P)——Pならば当然Qだと了解される,そういう事実——を知った,という状況で使われるものである」と説明している。森山・安達(1996: 36)は,「はずだ」には「状況や相手のことばから,新たに接した情報が納得できたことを表す用法がある」と述べている。宮崎(2002b: 151)は,それは「すでに確認されている事実の当然性を,その原因の発見によって,その場で確認する用法である」と述べている。日本語記述文法研究会(2003: 161)は,「はずだ」には「その事柄の成立が当然のことであるということを,その原因を知ることによって,その場で納得する用法がある」と述べている。

(7) このころ法隆寺でも，大がかりな改築修理の工事がおこなわれていた。その工事の現場主任であった浅野清氏は考えた。
「地盤には，礎石のおかれたあとが穴になって残るはずだ。礎石が動かされたあとは，ほかの土で埋められるだろうが，ていねいに上から土をはがしてゆけば，その穴をみつけることができるにちがいない。」

（寺村 1984：269）

(8) 太郎からすぐ行くという電話があったから，10分くらいでこちらに到着するはずだ。

（益岡 1991：117）

(7)(8)におけるような「はずだ」に関しては，寺村（1984：266）は，このような「はずだ」は「ある事柄の真否について判断を求められたとき，あるいは自分で判断を下すべき場面に直面したとき，確言的には言えないが，自分が現在知っている事実（P）から推論すると，当然こう（Q）である，ということを言うときに使われる」と説明している。益岡（1991：116-118）は，「はずだ」を「判断に至る様式を表すもの」として捉え，「はずだ」は「何らかの手がかりから論理的に推論された結果を表現するもの」であり，つまり「論理的推論による判断を表す」と指摘している。仁田（1991：64）は，「はずだ」を「推論の様態に関わるもの」の代表的な表現形式と捉えている。「推論の様態に関わるもの」は「単なる推し量りを表しているのではなく，言表事態として描き出されている事態が，ある推論によって引き出されたものであることを表している」（仁田 1991：64）。森山（1995：174）は，「はずだ」は「現実の徴候以外の「論理的根拠（判断理由）」によって判断するということに重点がある」と指摘している。森山・安達（1996：36）は，このような「はずだ」は「論理的な推理によって導き出した結論を表す」と述べている。宮崎（2002b：151）は，「「道理

第 8 章　「はずだ」

や法則，常識に従えば，当然，～ということになる」というのが「はずだ」の文である」と説明している。日本語記述文法研究会（2003: 161）は，「「はずだ」は，基本的に，何らかの根拠によって，話し手がその事柄の成立・存在を当然視しているということを表す」と述べ，「論理的推論を表す用法が，認識のモダリティとしては基本的である」と指摘している。

(9)　「ものの本？どのようなものでした？」
　　　「京都の老舗とかいうタイトルの本だったはずです。」
　　　　　　　　　　　　　　　　　　　　　　　　　　（森山 1995: 173）
(10) たしか，田中さんのところの赤ちゃんは，女の子のはずです。
　　　　　　　　　　　　　　　　　　　　（日本語記述文法研究会 2003: 161）

(9)(10) の「はずだ」は，記憶の呼び起こしの用法である。このような用法に関しては，森山（1995: 173）は，「はずだ」は「直接経験をしていても忘却したために不確実な主張しかできないという場合でも使える」と指摘している。日本語記述文法研究会（2003: 161）は，それは「記憶の中の事柄を再確認することによって，その事柄を当然視する用法である」と述べている。

2.2.　「はずだ」の各用法の説明

ここでは，(1)～(10) で示したような「はずだ」の各用法を説明しよう。

2.2.1.　「非難」

(1)(2) の「はずだ」は，

前提Pから導き出した結論Qに反する¬Qが起こった。そこで話し手が「Pはずだ」の形でPを提示して，非難の意を表した。

という用法（「非難」と呼んでおく）である。たとえば，(2) では，前提P「昨日，君に集合時間を言っておいた」から導き出した結論Q「君は遅刻することはない」に反する¬Q「君は遅刻した」が起こった。そこで話し手が「Pはずだ」の形でPを提示して，非難の意を表した。

2.2.2. 「意外」

(3) (4) の「はずだ」は，

　一定の前提から導き出した結論Q，または記憶から想起した情報Rに反する¬Q／¬Rが起こった。そこで話し手が「Q／Rはずだ」の形でQ／Rを提示して，意外の気持ちを表した。

という用法（「意外」と呼んでおく）である。(3) では，一定の前提から導き出した結論Q「10分くらいでこちらに到着する」に反する¬Q「まだ来ていない」が起こった。そこで話し手が「Qはずだ」の形でQを提示して，意外の気持ちを表した。(4) では，記憶から想起した情報R「夕方，調律した（夕方，低い方の弦が切れていなかった）」に反する¬R「低い方の弦が切れていた」が起こった。そこで話し手が「Rはずだ」の形でRを提示して，意外の気持ちを表した。

2.2.3. 「納得」

(5) (6) の「はずだ」は，

　幾つかの規則と照合してQを説明しようとしている（つまりアブダクションを行っている）話し手がPを新しく知って，規則の1つに従えば，PがQをうまく説明できると判断した（つまりアブダクションが裏づけられた）。そこで話し手が「Qはずだ」の形でQを提示して，原因の解明による悟りの気持ちを表した。

第8章 「はずだ」

という用法（「納得」と呼んでおく）である。たとえば，(5)では，規則「外国語専攻だと，外国語が流暢だ」や「外国で生活したり勉強したりしたことがあると，外国語が流暢だ」と照合してQ「フランス語が流暢だ」を説明しようとしている話し手がP「フランスで中学まで行った」を新しく知って，規則「外国で生活したり勉強したりしたことがあると，外国語が流暢だ」に従えば，PがQをうまく説明できると判断した。そこで話し手が「Qはずだ」の形でQを提示して，原因の解明による悟りの気持ちを表した。

2.2.4. 「推論」

(7)(8)の「はずだ」は，

　話し手が規則と照合して前提Pから結論Qを導き出し（つまり演繹的な推論を行い），その結論の表す事態が「過去／現在／未来」で「起こった／起こっている／起こる」と高い確信度で判断した。そこで話し手が「Qはずだ」の形でQを提示した。

という用法（「推論」と呼んでおく）である。たとえば，(7)では，話し手が規則「地盤に埋まっている礎石が動かされると，地盤に礎石のおかれたあとが穴になって残る」と照合して前提P「法隆寺は地盤に埋まっている礎石が動かされた」から結論Q「法隆寺の地盤に礎石のおかれたあとが穴になって残る」を導き出し，その結論の表す事態が「過去」で「起こった」と高い確信度で判断した。そこで話し手が「Qはずだ」の形でQを提示した。

2.2.5. 「想起」

(9)(10)の「はずだ」は，

　話し手が記憶から想起した情報Rを再び記憶と照合して，Rが間違いないと判断した。そこで話し手が「Rはずだ」の形でRを提示した。

という用法（「想起」と呼んでおく）である。たとえば，(9)では，話し手が記憶から想起した情報R「京都の老舗とかいうタイトルの本だった」を再び記憶と照合して，Rが間違いないと判断した。そこで話し手が「Rはずだ」の形でRを提示した。

3.「はずだ」の「推論」の用法

以上，「はずだ」の「非難」，「意外」，「納得」，「推論」，「想起」の用法を考察してきた。本節では，「はずだ」の「推論」の用法についてもう少し考えてみよう。3.1節では，「推論」の用法における推論の様式について，3.2節では，「推論」の用法における「はずだ」の意味について検討する。

3.1. 推論の様式

すでに述べたように，「はずだ」の「推論」の用法では，話し手が規則と照合して前提から結論を導き出した上で，結論を提示する。このような，常識，社会通念，法律，倫理，事の成り行きなどの規則と照合して一定の前提から結論を導き出す心的過程は，演繹的な推論であると考えられる。

「はずだ」のこの用法では，話し手は，実際には，演繹的な推論や帰納的な推論，アブダクションなど，複数の様式の推論を組み合わせて結論を導くことがしばしばであるが，演繹的な推論は，そのうちの最も基本的な推論の様式であると考えられる。

ところで，演繹的な推論は，以下のように図式化できる。

(11)

第8章 「はずだ」

これに従えば，(12)(13)((7)(8)を再掲)における基本的な推論の様式，すなわち演繹的な推論は，(14)(15)の通りになる。

(12) このころ法隆寺でも，大がかりな改築修理の工事がおこなわれていた。その工事の現場主任であった浅野清氏は考えた。
「地盤には，礎石のおかれたあとが穴になって残る<u>はずだ</u>。礎石が動かされたあとは，ほかの土で埋められるだろうが，ていねいに上から土をはがしてゆけば，その穴をみつけることができるにちがいない。」

((7)を(12)として再掲)

(13) 太郎からすぐ行くという電話があったから，10分くらいでこちらに到着する<u>はずだ</u>。

((8)を(13)として再掲)

(14) 規則：地盤に埋まっている礎石が動かされると，地盤に礎石のおかれたあとが穴になって残る
　　 前提：法隆寺は地盤に埋まっている礎石が動かされた
　　 結論：法隆寺の地盤に礎石のおかれたあとが穴になって残る

(15) 規則：太郎が居所からこちらまで来ると，10分くらいかかる
　　 前提：太郎は（居所から）すぐ行くと電話で言った
　　 結論：太郎は10分くらいでこちらに到着する

もう2つ「推論」の用法の「はずだ」の例((16)(17))を挙げてそれぞれの演繹的な推論を図式化してみよう((18)(19))。

(16)「こうなったら都ホテルに行くしかないぜ，博士はバルコニーに現われて，われわれにきっと手を振って挨拶してくれる<u>はずだ</u>」
新納友明は，今度こそ間違いないぞという顔だった。
京都は深夜のように静かだった。アインシュタイン博士を飲みこんだ都ホテルの周辺には，博士の挨拶を期待して集まって来る人はいなかった。

(新田次郎『孤高の人』)

(17)「青森まで行く必要はないでしょう。函館駅にも保存がある<u>はずです</u>」
三原がわからない顔をしたので，公安官は説明した。
「乗船客名簿は，甲・乙両方に名前住所を書きます。駅ではこれを切り離して，甲片は発駅に保存，乙片は船長が受け取って到着駅に引きつぐのです。だから函館駅にもあるわけです」

(松本清張『点と線』)

(18) 規則：偉大な人物が他国を訪問すると，しばしば宿泊先のバルコニーで地元の人々に挨拶することがある　　照合
　　　前提：偉大な科学者であるアインシュタイン博士は日本を訪問する
　　　結論：アインシュタイン博士はバルコニーに現われてわれわれに手を振って挨拶してくれる

(19) 規則：乗船客名簿の甲片は発駅に保存，乙片は船長が受け取って到着駅に引きつぐ　　照合
　　　前提：函館駅は乗船客の到着駅である
　　　結論：函館駅にも乗船客名簿の保存がある

ちなみに，演繹的な推論という推論の様式は，「はず」の意味に関係が深

い。「はずだ」を構成する形式名詞「はず」の意味は，名詞「はず」の「矢の根もとの，弦にあてがう部位」という実質的な意味に由来し，「矢筈と弓の弦がぴたりと合うところから，うまく適合すること。転じて，物事が当然そうなるという道理。さらに転じて，予定，約束，見込み」（『角川古語大辞典』）というふうに意味の変化を経た。演繹的な推論における規則との照合は，あたかも矢筈と弓の弦を合わせることのようである。

3.2.「はずだ」の意味

認識のモダリティの定義によると，「推論」の用法における「はずだ」の意味が典型的な認識のモダリティ的な意味と位置づけられる。ここでは，その意味を次のように捉えることにする。

> 「推論」の用法においては，「はずだ」は，演繹的な推論の結論に対する高い確信度を表している。

4. まとめ

最後に，この章で述べたことの要点をまとめておく。
1) 「はずだ」の用法としては，「非難」，「意外」，「納得」，「推論」，「想起」が挙げられる。
2) 「はずだ」の「推論」の用法では，話し手が規則と照合して前提から結論を導き出し，その結論の表す事態が「過去／現在／未来」で「起こった／起こっている／起こる」と高い確信度で判断する。このような，規則と照合して一定の前提から結論を導き出す心的過程は，演繹的な推論である。演繹的な推論は，「はずだ」の「推論」の用法における基本的な推論の様式であると考えられる。
3) 「推論」の用法においては，「はずだ」は，演繹的な推論の結論に対する高い確信度を表している。

第9章

「ようだ」「らしい」「(し)そうだ」

 1. 第9章の内容

　本章は，evidentialityと「ようだ」，「らしい」，「（し）そうだ」について考えてみる。まず，evidentialityの概念について述べる。次に，「ようだ」，「らしい」，「（し）そうだ」の先行研究とevidentialityとの関わりを見てみる。そして，「ようだ」，「らしい」，「（し）そうだ」とevidentiality標識とを結びつけることの妥当性を検討する。最後に，「ようだ」，「らしい」，「（し）そうだ」に共通の意味を考えてみる。

2. Evidentialityについて

　本節においては，evidentialityの概念について見てみよう。Evidentialityは，発話情報源（the source of information）を示す，すなわち，述べることのよりどころがどのようにして得られたかを示す文法カテゴリーである。

　Evidentialityは，認識のモダリティと密接な関係を有している。Evidentialityと認識のモダリティの関係に対する捉え方は，研究者によって異なっている。Palmer (1986) のように，evidentialityを認識の

第9章　「ようだ」「らしい」「（し）そうだ」

モダリティのカテゴリーに入れるという見方もあり，Palmer (2001) のように，evidentialityと認識のモダリティを関連づけて，両者を上位カテゴリー（Palmer (2001) では，propositional modality）に入れるという見方もあり，さらにBybee *et al.* (1994) やde Haan (2006) のように，evidentialityをモダリティのカテゴリーから除外するという見方もある (Nuyts: 2006: 11)（詳しくは，de Haan (1999; 2001) など参照）。管見の限りでは，日本語学のモダリティ研究においては，evidentialityを認識のモダリティのカテゴリーに入れるという見方が多い。

2.1. 発話情報源

さて，Aikhenvald (2004) の研究によれば，通言語的に見ると，evidentiality標識の示す発話情報源としては，次のような6種類[①]が挙げられる。

(ⅰ) VISUAL: covers information acquired through seeing.（視覚：視覚を通して得た情報を含んでいる。）

(ⅱ) NON-VISUAL SENSORY: covers information acquired through hearing, and is typically extended to smell and taste, and sometimes also to touch.（非視覚的感覚：聴覚を通して得た情報を含んでいる。一般に，嗅覚と味覚まで広がっており，時には触覚まで広がっている。）

(ⅲ) INFERENCE: based on visible or tangible evidence, or result.（観測：可視的あるいは明白な証拠や結果に基づく。）

(ⅳ) ASSUMPTION: based on evidence other than visible results: this may include logical reasoning, assumption, or simply general knowledge.（推測：可視的な結果以外の証拠に基づく。論理的推論や当て推量（の結果），あるいは単なる一般認識を包含する。）

(v) HEARSAY: for reported information with no reference to those it was reported by. (風聞：伝えられる情報に関わるが，誰によって伝えられたかに言及しない。)

(vi) QUOTATIVE: for reported information with an overt reference to the quoted source. (引用：伝えられる情報に関わるが，引用されたソースに明白に言及する。)

(Aikhenvald 2004: 63-64)

以下，タリアナ語（Tariana）を例として，evidentiality標識がいかにして異なる発話情報源を示すのか，具体的に見てみよう。

Aikhenvald（2003b: 133; 2004: 2-3; 2006: 320）によると，タリアナ語のevidentiality標識としては，*-ka*, *-mahka*, *-nihka*, *-sika*, *-pidaka*[②]が挙げられ，以下の例におけるように，それぞれVISUAL, NON-VISUAL SENSORY, INFERENCE, ASSUMPTION, REPORTED（HEARSAYかQUOTATIVEかのどちらかである。「報告」と訳しておく）を示している。

(1) Juse irida di-manika-**ka**
  José football 3person.masculine.singular-play-
          RECENT.PAST.VISUAL
  'José played football (we saw it)'
  （ホセはフットボールをした（私たちは見た））

(2) Juse irida di-manika-**mahka**
  José football 3person.masculine.singular-play-
          RECENT.PAST.NONVISUAL
  'José played football (we heard it)'
  （ホセはフットボールをした（私たちは聞いた））

第9章 「ようだ」「らしい」「（し）そうだ」

(3) Juse　irida　　　di-manika-**nihka**
　　José　football　3person.masculine.singular-play-
　　　　　　　　　　RECENT.PAST.INFERRED
　　'José played football (we infer it from visual evidence)'
　　（ホセはフットボールをした（私たちは視覚的な証拠から推論する））

(4) Juse　irida　　　di-manika-**sika**
　　José　football　3person.masculine.singular-play-
　　　　　　　　　　RECENT.PAST.ASSUMED
　　'José played football (we infer it from general knowledge)'
　　（ホセはフットボールをした（私たちは一般知識から推論する））

(5) Juse　irida　　　di-manika-**pidaka**
　　José　football　3person.masculine.singular-play-
　　　　　　　　　　RECENT.PAST.REPORTED
　　'José played football (we were told)'
　　（ホセはフットボールをした（私たちはそのように言われた））

　　　　　　　　　　　　　　　　　　　　　（Aikhenvald 2006: 320）

2.2. Evidentialityシステムのあり方

　タリアナ語，東ポモ語（Eastern Pomo），ドイツ語，ラダク語（Ladakhi），ンギヤンバー語（Ngiyambaa），トゥユカ語（Tuyuca）などの言語では，文法化が進んだ結果，発話情報源を示す機能語，すなわちevidentiality標識が現れて，evidentialityは，文法カテゴリーとして確立した（Aikhenvald & Dixon (2003)，Aikhenvald (2004; 2006) など参照）。

　ただし，そのような言語では，VISUAL, NON-VISUAL SENSORY, INFERENCE, ASSUMPTION, HEARSAY, QUOTATIVEのすべてがevidentiality標識によって示されるわけではない。Aikhenvald (2004: 37, 60) によれば，

ユーチ語（Euchee）のような，NON-VISUAL SENSORY（具体的に言うと，AUDITORY（聴覚））のみを示す（(6)）（それ以外の発話情報源を無標のままにする）言語もあり，ウィントゥ語（Wintu）のような，VISUAL, NON-VISUAL SENSORY, INFERENCE, ASSUMPTION, REPORTEDを示す（(7)）言語もある。

(6) 'ahe 'i-gō-ke
here 3sg(EUCHEE).ACTOR-come-AUD.EV
'They are coming (I hear them)'
（彼らはやってくる（私は聞いた））

(Aikhenvald 2004: 37)

(7) ƙupa-be· 'he is chopping wood (if I see or have seen him)': VISUAL（彼は薪割りをしている（私は見た，あるいは見たことがある））

ƙupa-ntʰe· 'he is chopping wood (if I hear him or if a chip flies off and hits me)': NON-VISUAL SENSORY（　同上　（私は聞いた，あるいは木くずが飛び散って私に当たった））

ƙupa-re· 'he is chopping wood (I have gone to his cabin, find him absent and his axe is gone)': INFERRED（　同上　（私は彼の小屋に行って，彼がいないとわかった。また，彼の斧がなくなった。））

ƙupa-ʔel· 'he is chopping wood (if I know that he has a job chopping wood every day at this hour, that he is a dependable employee, and, perhaps, that he is not in his cabin)': ASSUMED (EXPERIENTIAL)（　同上　（私は次のことを知っている。つまり，彼は毎日この時間に薪割りをしている。彼は信頼できる従業員である。彼は小屋にいないかもしれない））

第9章 「ようだ」「らしい」「(し)そうだ」

ǩupa-ke· 'he is chopping wood (I know from hearsay)':
REPORTED (　同上　(私は人づてに聞いた))

(Aikhenvald 2004: 60)

　Aikhenvald (2004) は，数多くの言語に実在するevidentialityシステムのあり方を次のような14種にまとめている (Aikhenvald (2003a: 3-6; 2006: 321-322) も参照のこと)。

A1. FIRSTHAND AND NON-FIRSTHAND
A2. NON-FIRSTHAND VERSUS 'EVERYTHING ELSE'
A3. REPORTED VERSUS 'EVERYTHING ELSE'
A4. SENSORY EVIDENCE AND REPORTED
A5. AUDITORY VERSUS 'EVERYTHING ELSE'
B1. DIRECT (OR VISUAL), INFERRED, REPORTED
B2. VISUAL, NON-VISUAL SENSORY, INFERRED
B3. VISUAL, NON-VISUAL SENSORY, REPORTED
B4. NON-VISUAL SENSORY, INFERRED, REPORTED
B5. REPORTED, QUOTATIVE, AND 'EVERYTHING ELSE'
C1. VISUAL, NON-VISUAL SENSORY, INFERRED, REPORTED
C2. DIRECT (OR VISUAL), INFERRED, ASSUMED, REPORTED
C3. DIRECT, INFERRED, REPORTED, QUOTATIVE
D1. VISUAL, NON-VISUAL SENSORY, INFERRED, ASSUMED, AND REPORTED

(Aikhenvald 2004: 23-66)

　前節において取り上げたタリアナ語は，VISUAL, NON-VISUAL SENSORY, INFERENCE, ASSUMPTION, REPORTEDを示しているので，D1というevidentialityシステムとなっている。また，本節で触れたユーチ語とウィ

ントゥ語であるが，ユーチ語は，A5というevidentialityシステムとなっている。ウィントゥ語は，タリアナ語と同じくD1というevidentialityシステムとなっている。

3.「ようだ」「らしい」「(し)そうだ」とevidentiality

前節でevidentialityについて述べてきたが，本節では，evidentialityの観点から日本語の「ようだ」，「らしい」，「(し)そうだ」について考えてみたい。まず，「ようだ」，「らしい」，「(し)そうだ」を総合的に論じた先行研究を概観し，これらの先行研究とevidentialityとの関わりを見てみよう。

3.1. 先行研究とevidentialityとの関わり

寺村（1984）

寺村（1984：219-260）は，「ようだ」，「らしい」，「(し)そうだ」を「だろう」，「まい」，「かもしれない」，「にちがいない」，「みたいだ」，「そうだ」などと同じ「概言の表現」としている。寺村（1984：222）によれば，「概言」とは「ある事態の真偽について，それを自分が直接見たり，経験したりしたのでないから確言はできないが，自分の過去の経験，現在もっている知識，情報から．概ねこうであろうと述べる」ことである。そして，寺村は，「概言」の下にevidentialityのような，「ようだ」や「らしい」，「(し)そうだ」をまとめて扱う下位区分を設定していないが，「げんにここでいう概言にあたる英語の用語を考えるのはむつかしい。以前，このことをまとめてアメリカで報告しようとしたとき，パメラ・ダウニング氏から，'evidential(s)' 'evidentiaries'という用語はどうか，と提案されたことがある」（p. 224）と述べている。

第9章　「ようだ」「らしい」「(し) そうだ」

益岡（1991；2002；2007）

益岡（1991：116, 118）は,「ようだ」,「らしい」を「判断に至る様式を表すもの」として捉え,「これらの形式の特徴は, 当該の判断にどのようにして到達したかを明示的に表す点にある」とし,「「ようだ」と「らしい」は共に, 判断をもたらす手がかりが現実世界での観察や情報にある点が特徴的である」と述べている。また, 益岡（1991：123）は,「ようだ」,「らしい」などの形式は,「言語学で話題となっている「証拠性」（'evidentiality'）とも関連する」と述べている。

益岡（2002：8；2007：145）は,「ようだ」,「らしい」を「証拠性判断」の形式として位置づけている。益岡（2002：8；2007：145）によれば,「証拠性判断」とは「ある証拠に基づいて推定を行うものである」。

仁田（1991；2000；2009）

仁田（1991：60, 62）は,「ようだ」,「らしい」,「(し) そうだ」を「徴候の存在の元での推し量りを表すもの（"Evidential"と呼ばれることのあるもの）」として位置づけ,「これは, 存在する徴候から引き出された推し量りを表している。このタイプの推し量りでは, 言表事態として描き出されている事態成立の徴候が, 何らかの形で客観的に存在している。徴候は, 視覚や聴覚などで捉えられる明確に外界に存するものだけではなく, 内的感覚や気配といったものであってもよい」と述べている。

仁田（2000：139；2009：153）は,「ようだ」,「らしい」,「(し) そうだ」を「徴候性判断を表す形式」として位置づけ,「徴候性判断とは, 命題内容として描き取られた事態の成立が, 存在している徴候や証拠から引き出され捉えられたものであることを, 表したものである」としている。

三宅（1992；1993；1994；1995）

三宅（1992：37；1993：37；1994：20-21；1995：84）は,「ようだ」,

「らしい」を「実証的判断」の形式として捉え、「実証的判断」を「命題が真であるための証拠が存在すると認識する」と定義している。さらに、三宅（1994: 21）は、「実証的判断」とevidentialityの関係について、「「実証的判断」は'Evidentiality'という概念に基礎を置いている。この'Evidentiality'はどのような手段で情報を入手したかによって形態的に違いがみられる言語、特にアメリカのインディアン諸語における文法現象に関して用いられる概念である。（中略）実証的判断が表される形式は、話し手と情報との関係が間接的であることを有標的に示すマーカーであると考えられる。これはまさに'Evidentiality'であると言える。繰り返しになるが、実証的判断の特性は、命題が真であるための証拠の存在を有標的に示すということに求められる」と述べている。

森山・安達（1996）

森山・安達（1996: 41）では、「ようだ」、「らしい」、「（し）そうだ」は、「状況からの判断を表す形式」として捉えられている。「状況からの判断」とは「目の前の状況や、過去の経験などを根拠にして判断を得るというものである」（p. 41）。

宮崎（2002b）

宮崎（2002b: 152-153）は、「ようだ」、「らしい」、「（し）そうだ」を「〈証拠性〉（evidentiality）」の形式として捉え、「これらの形式は、話し手が何らかの証拠――話し手自身の観察や他者からの情報など――に基づいて当該事態を認識しているということを表すという性質を共有している」と述べている。

日本語記述文法研究会（2003）

日本語記述文法研究会（2003: 163-164）は、「ようだ」、「らしい」、

第9章 「ようだ」「らしい」「(し)そうだ」

「(し)そうだ」を「証拠性」の形式と位置づけ、「証拠性」の定義について、「その情報が何に基づくかということについての認識的な意味を「証拠性」(evidentiality)という」と述べている。

以上からもわかるように、「ようだ」、「らしい」、「(し)そうだ」を総合的に論じた先行研究は、evidentialityに言及したり、evidentialityを取り入れて論を展開したり、著者自身の提起した概念をevidentialityと同一視したりするなど、evidentialityの影響を多少なりとも受けている。とりわけ、三宅(1992;1993;1994;1995)は、「「実証的判断」は'Evidentiality'という概念に基礎を置いている」とし、evidentialityを研究に明示的に持ち込んでいる。また、証拠性ということばは、evidentialityの訳語として定着し、「Evidentiality」イコール「証拠性」イコール「「ようだ」や「らしい」、「(し)そうだ」の意味」という等式が成り立つようになったと考えられる。

3.2. 「ようだ」「らしい」「(し)そうだ」の文の発話情報源

本節では、「ようだ」、「らしい」、「(し)そうだ」の文の発話情報源を考えてみたい。

3.2.1. 「ようだ」の文の発話情報源

はじめに、「ようだ」について見てみよう。

(8) ——が、私たちは無言のまま、ただちょっと足を早めながら、その空地を横切って行った。私たちはそれから再び林の中へ這入った。その中へ這入ると急に薄暗くなった<u>ようだ</u>けれど、私たちの眼底にはいまの空地の明るさがこびりついているせいか、暫らく私たちの周りには一種異様な薄明りが漂っているように見えた。

(堀辰雄『美しい村』)

(9) 玉雄は学校に行く途中，こんな塔が立っているのを一度も見た事がありませんでした。夢ではないかと眼をこすって見ましたが，矢張り本当に雪の中に立っている<u>よう</u>です。玉雄は急に照子の肩をゆすって，

「照ちゃん，御覧よ。ホラあんな高い塔が……あれ，窓から美しい光がさして……さあ早く行きましょうよ，あそこまで」

(夢野久作『雪の塔』)

(10) 「何か聞こえるかい」

「ええ。あの爺のイビキの声が聞こえます。すこしイビキの調子が変った<u>よう</u>です」

「コードの連絡の工合はいいな」

「ええ上等です。あの豆電燈のマイクロフォンも，この部屋へ連絡している人絹コードも僕の新発明のパリパリですからね」

(夢野久作『人間レコード』)

(11) 六月二十二日（木曜）曇

すずし，めいせんの一重一枚では肌さむい<u>よう</u>だ。今年の夏，田舎へ行くのはいやだな。皆で落付いて，Ａは学校にでも行って勉強したい。

(宮本百合子『日記』)

(12) 雨の音はもうしなかった。謙蔵はぼうとしていた気が引締ったようになった。彼は指環を左の指にさした。

「もう夜が明けたのですね，雨もやんだ<u>よう</u>だ，じゃ，失敬しましょう」

「まだお早いでしょう」

(田中貢太郎『指環』)

(13) 彼は我慢ができなくなって，大きなおまんじゅうに手を出した。そして，さっそく，ガクリと食いかけた。あんこが舌の上でとろけ

第9章 「ようだ」「らしい」「(し)そうだ」

て，のどの奥にすべりこんでいく味というものは，なんとも言えなかった。

「あんたは，甘いものが好きの<u>よう</u>ですね。」

「ええ。」

(山本有三『路傍の石』)

(14) 先生はその上に私の家族の人数を聞いたり，親類の有無を尋ねたり，叔父や叔母の様子を問いなどした。そうして最後にこういった。

「みんな善い人ですか」

「別に悪い人間という程のものもいない<u>よう</u>です。大抵田舎者ですから」

「田舎者は何故悪くないんですか」

私はこの追窮に苦しんだ。

(夏目漱石『こころ』)

(15) 子供が十三人もいるのだから相当うんざりするだろうが，然し，父の子供に対する冷淡さは気質的なもので，数の上の関係ではなかった<u>よう</u>だ。子供などはどうにでも勝手に育って勝手になれと考えていたのだろうと思う。

(坂口安吾『石の思い』)

(8) (9) (10) (11) では，話し手が感覚によって捉えたことが述べられている。(12) (13) (14) (15) では，話し手が推論によって導き出したことが述べられている。すなわち，(8) (9) (10) (11) の発話情報源は，VISUALやNON-VISUAL SENSORYであるが，(12) (13) (14) (15) の発話情報源は，INFERENCEやASSUMPTIONであると考えられる。

具体的に言うと，(8) (9) はVISUAL（視覚）を，(10) はNON-VISUAL SENSORYの聴覚を，(11) はNON-VISUAL SENSORYの皮膚感覚を発話情報源と

している。一方，(12)と(13)における推論は，それぞれ，雨音の強さと，「あんた」の食べっぷりのような，「可視的あるいは明白な証拠」に基づいたので，(12)と(13)は，INFERENCEを発話情報源としている。そして，(14)と(15)における推論の証拠は，それぞれ，田舎者に関する認識と，(推論によって知った)「父」の育て方に対する考え方である。これらは，(12)と(13)に比べればそれほど明らかでない証拠，言い換えれば「論理的推論や当て推量の結果，あるいは一般認識」であるので，(14)と(15)は，ASSUMPTIONを発話情報源としている（Aikhenvald (2004: 2-3) 参照）と考えられる。

3.2.2.「らしい」の文の発話情報源

次に，「らしい」について見てみよう。

(16) 包みの中は，弁当だった。まだぬくもりが残っている，麦のまざった握り飯三つ，めざし二本，乾いた皺だらけのたくあん，それに苦い味のする野菜の煮つけ……野菜はどうやら，干した大根の葉らしい。

（安部公房『砂の女』）

(17) やがて，廊下に足音がして，段々下から誰か上ってくる。近づくのを聞いていると，二人らしい。それが部屋の前でとまったなと思ったら，一人は何にも云わず，元の方へ引き返す。襖があいたから，今朝の人と思ったら，やはり昨夜の小女郎である。何だか物足らぬ。

（夏目漱石『草枕』）

(18)「陳情運動のことは私も聞きました。呆れ果てたことです。まったく時代錯誤も甚だしい。私は知識に秀れた人がいれば女性でもどしどし政府の要人として採り入れるべきだと思います。（中略）」どうやらこの男，あらかじめ勉強をしてきたらしい。元来は熱血漢

第9章　「ようだ」「らしい」「（し）そうだ」

だがこんなにすらすらと喋れる男ではないと吟子はにらんでいる。

（渡辺淳一『花埋み』）

(19) こうして苦心の末，やっと入学出来たとしてもそれから先が大変<u>らしい</u>。日本のように入ってしまえば何とか出られる，というわけのものではなく，入学するよりも卒業するほうが更に難かしいのだそうである。一度や二度は進級試験に落ちても，また受けなおす事が出来るが，それも限度があって余り何度もそれを繰り返していると学校を追い出されてしまう。

（五木寛之『モスクワの天保銭』）

これらの例では，話し手が推論によって導き出したことが述べられている。すなわち，これらの例の発話情報源は，INFERENCEやASSUMPTIONであると考えられる。具体的に言うと，（16）と（17）における推論は，それぞれ，野菜の味や見た目，匂いと，足音のような，「可視的あるいは明白な証拠」に基づいたので，（16）と（17）は，INFERENCEを発話情報源としている。これに対して，（18）と（19）における推論は，それぞれ，（推論によって知った）「この男」の性質と，（伝聞によって知った）（モスクワ大学生の）学業事情のような，「論理的推論や当て推量の結果，あるいは一般認識」に基づいたので，（18）と（19）は，ASSUMPTIONを発話情報源としていると考えられる。

3.2.3. 「（し）そうだ」の文の発話情報源

最後に，「（し）そうだ」について見てみよう。

(20) 「――きれいなもんじゃねえか」
　　　「このソファも高<u>そうだ</u>」
　　　「だけど，ちょっと古くなってるぜ」
　　　などとガヤガヤやっている。

(赤川次郎『女社長に乾杯！』)

(21)　「こんどはあなたが先に立って歩いてください。あの小屋をこしらえているところへ寄って，荷物をおろしてから，槍の頂上へ登りましょう。いまのところ雷様はなさ<u>そうだ</u>」
　　　矢部は道を加藤にゆずってから空を見上げていった。

(新田次郎『孤高の人』)

(22)　「知りたがるのは，儂の道楽なのじゃ。説明しろといったって，それ以上説明ができるものかね。だが，あの横丁の殺人事件，油倉庫出火事件，それにいまの銀行の話と，都合三つの真相さえ分ればお前さんも警察に追っ駆けられたりする心配がなくなるじゃないか」
　　　「僕自身のことも，大変有難いですが，こうして考えてくると，今の三つの話はどうやらお互いに関係があり<u>そうですね</u>」
　　　「そうかも知れないよ。（下略）」

(海野十三『深夜の市長』)

(23)　「これから先へは，もう絶対に進軍してはなりませぬ。昨夜，天文を案じてみるに，どうも近いうちに大雨が来<u>そうです</u>」
　　　「そうかなあ？」
　　　曹真も劉曄も疑うような顔をしていたが，司馬懿仲達の言であるし，万一のことも考慮して，その日から前進を見あわせた。
　　　竹木を伐って，急ごしらえの仮屋を作り，十数日ほど滞陣していると，果たして，きょうも雨，次の日も雨，明けても暮れても，雨ばかりの日がつづいた。

(吉川英治『三国志』)

上の例では，話し手が推論によって導き出したことが述べられている。すなわち，上の例の発話情報源は，INFERENCEやASSUMPTIONであると考えられ

第9章 「ようだ」「らしい」「(し)そうだ」

る。具体的に言うと，(20) と (21) における推論は，それぞれ，ソファーの外観と，空の様子のような，「可視的あるいは明白な証拠」に基づいたので，(20) と (21) は，INFERENCEを発話情報源としている。(22) における推論は，殺人事件や出火事件に関する情報のような，「論理的推論や当て推量の結果，あるいは一般認識」に基づいたので，(22) は，ASSUMPTIONを発話情報源としている。また，(23) は，(21) と同じく，天気の状態について述べているが，(21) と異なって，INFERENCEでなく，ASSUMPTIONを発話情報源としていると考えられる。なぜなら，(21) における推論の証拠は「可視的あるいは明白な」空の様子であるが，(23) における推論の証拠は空の様子よりもはるかに複雑な天文や気象の現象であるからである。後文の「十数日ほど滞陣していると，果たして，きょうも雨，次の日も雨，明けても暮れても，雨ばかりの日がつづいた」からもわかるように，(23) で述べられているのは，実は，十数日にわたっての天気の状態であり，これを推論するためには，「可視的あるいは明白な証拠」だけでなく，「論理的推論や当て推量の結果，あるいは一般認識」のような証拠に頼らざるを得ない。

3.3. 「ようだ」「らしい」「(し)そうだ」とevidentiality標識

以上，「ようだ」，「らしい」，「(し)そうだ」の文の発話情報源について考察した。(8)～(15) に示したように，「ようだ」の文は，VISUAL, NON-VISUAL SENSORY, INFERENCE, ASSUMPTIONを発話情報源としている。一方，(16)～(23) に示したように，「らしい」，「(し)そうだ」の文は，INFERENCE, ASSUMPTIONを発話情報源としている。すなわち，「ようだ」は，少なくともVISUAL, NON-VISUAL SENSORY, INFERENCE, ASSUMPTIONの4種類の発話情報源を示すことが可能であり，「らしい」，「(し)そうだ」は，主としてINFERENCE, ASSUMPTIONの2種類の発話情報源を示しているように思われる。

しかしながら，「ようだ」，「らしい」，「(し)そうだ」と2節で取り

上げたタリアナ語やウィントゥ語のevidentiality標識は，次の点で異なっている。「ようだ」，「らしい」，「（し）そうだ」は，タリアナ語やウィントゥ語のevidentiality標識と違って，義務的に用いられる必要はない。たとえば，次の（24）（25）は，明らかに，話し手の推論によって導き出したことを述べている，すなわちINFERENCEやASSUMPTIONを発話情報源としているが，「ようだ」や「らしい」，「（し）そうだ」をどこかにつける必要はない。

(24) 「もうすぐ朝になる。それまで待て」
「朝になれば，風は止みますか」
「<u>止む</u>。きっと止んで，いい天気に<u>なるぞ</u>」

(新田次郎『孤高の人』)

(25) 「よく考えて見ましたか？」
「馬鹿にし給うなよ」
「じゃあ云ってご覧」
「犯人は黒塚<u>だ</u>！」
「違う！」

(大阪圭吉『死の快走船』)

また，(26)と(27)のように，文末に「だろう」や「かもしれない」，「はずだ」をつけた文では，INFERENCEやASSUMPTIONを発話情報源としていることがいっそうはっきりするが，(24)と(25)の場合と同じく，「ようだ」や「らしい」，「（し）そうだ」をつける必要はない。

(26) a きっと止んで，いい天気になる<u>だろう</u>。
b きっと止んで，いい天気になる<u>かもしれない</u>。
c きっと止んで，いい天気になる<u>はずだ</u>。

第9章 「ようだ」「らしい」「(し)そうだ」

(27) a 犯人は黒塚<u>だろう</u>。
  b 犯人は黒塚<u>かもしれない</u>。
  c 犯人は黒塚<u>のはずだ</u>。

　「ようだ」，「らしい」，「(し)そうだ」の考察にevidentialityの観点を導入することは，きわめて有意義であるが，そうした違いは，「ようだ」，「らしい」，「(し)そうだ」と（文法カテゴリーとしての）evidentialityの標識とを安易に結びつけることに疑問を投げかけるものであると考える。

4.「ようだ」「らしい」「(し)そうだ」に共通の意味

　2節の冒頭に，evidentialityと認識のモダリティとの関係に対する捉え方については，evidentialityを認識のモダリティのカテゴリーに入れるという見方や，evidentialityと認識のモダリティを関連づけて，両者を上位カテゴリーに入れるという見方，evidentialityをモダリティのカテゴリーから除外するという見方があると述べたが，本書では，evidentiality（少なくともAikhenvald流のevidentiality）をモダリティの枠組みから外すことにする。すなわち，本書では，evidentialityをモダリティのカテゴリーから除外するという見方をとる。

　ただし，このことは，「ようだ」や「らしい」，「(し)そうだ」をモダリティの考察対象から除くということを意味するわけではない。繰り返しになるが，(12)〜(23)のようなINFERENCEやASSUMPTIONを発話情報源としている「ようだ」，「らしい」，「(し)そうだ」の文では，話し手が推論によって導き出したことが述べられている。すなわち，これらの文の命題は，話し手が推論によって得たものである。この点では，「だろう」，「かもしれない」，「はずだ」の文とまったく同じである。したがって，本書では，「ようだ」，「らしい」，「(し)そうだ」をモダリティの枠組みに入

れて，「だろう」，「かもしれない」，「はずだ」とともに認識のモダリティ表現として扱う。

認識のモダリティ表現としては，「ようだ」，「らしい」，「（し）そうだ」に共通の意味（すなわち，(8)(9)(10)(11)における「ようだ」の意味を除く）は，次のように捉えることができる。

　　　話し手が何らかの証拠に基づいて推論を行ったということを表している。

ここで「何らかの証拠」と言うのは，「ようだ」，「らしい」，「（し）そうだ」の文では，話し手の推論がどのような性質の証拠に基づいたのか，文脈を考えないとわからないからである。

「ようだ」，「らしい」，「（し）そうだ」の使い分けに関する先行研究では，3者の証拠の性質の差は，使い分けの要因の1つとしてしばしば言及されている。たとえば，寺村（1979：78-88）では，「ようだ」，「らしい」，「（し）そうだ」の使い分けの要因としては，「眼前の状況から近い未来の予想を告げる」，「直感的推量か，思考を経た推量か」，「知り得た状況から，一般的傾向を推量する」，「推量の根拠となる情報は，自分自身の観察によって得たものか，それとも他から手に入れたものか」などが挙げられている。そのうち「推量の根拠となる情報は，自分自身の観察によって得たものか，それとも他から手に入れたものか」は，ここで言う「証拠の性質」に関する要因であると考えられる。この要因については，寺村（1979：78-88）では，次のような指摘がなされている。すなわち，「らしい」のほうは，他から得た情報による推論の比重が大きいが，「ようだ」のほうは，自分の観察による推論の比重が大きいという。一方，「（し）そうだ」のほうは，専ら自分の観察によるという（寺村（1984：237-254）も参照のこと）。

第9章 「ようだ」「らしい」「（し）そうだ」

ただし，その後の研究（中畠（1990；1991），田野村（1991），野林（1999），菊地（2000），益岡（2000: 135-151），市川（2010；2011）など参照）によって，証拠の性質の差だけでは「ようだ」，「らしい」，「（し）そうだ」の使い分けを説明しきれないことも明らかになった。

その理由は，(12)〜(23)に示されているように，「ようだ」，「らしい」，「（し）そうだ」の実際の文では，推論の証拠が「可視的あるいは明白」なものであったり，「論理的推論や当て推量の結果，あるいは一般認識」であったりすることができるからであろう。言い換えれば，「ようだ」，「らしい」，「（し）そうだ」は，そもそも，推論の証拠が「可視的あるいは明白」なもの，または「論理的推論や当て推量の結果，あるいは一般認識」であるかを特定的に示すことができない。

このように考えてくると，「ようだ」，「らしい」，「（し）そうだ」は，証拠の性質を示しているというよりも，単に何らかの証拠の存在を示していると考えることができる。したがって，上で述べた「ようだ」，「らしい」，「（し）そうだ」に共通の意味は，次のように言い換えることができる。

話し手が推論を行う際の何らかの証拠の存在を表している。

5. まとめ

最後に，この章で述べたことの要点をまとめておく。

1) 「ようだ」，「らしい」，「（し）そうだ」を総合的に論じた先行研究は，evidentialityの影響を多少なりとも受けている。証拠性ということばは，evidentialityの訳語として定着し，「Evidentiality」イコール「証拠性」イコール「「ようだ」や「らしい」，「（し）そうだ」の意味」という等式が成り立つようになった。
2) 「ようだ」は，少なくともVISUAL, NON-VISUAL SENSORY, INFERENCE,

ASSUMPTIONの4種類の発話情報源を示すことが可能であり，「らしい」，「（し）そうだ」は，主としてINFERENCE，ASSUMPTIONの2種類の発話情報源を示している。しかしながら，「ようだ」，「らしい」，「（し）そうだ」が義務的に用いられる必要はないということは，この3者と（文法カテゴリーとしての）evidentialityの標識とを安易に結びつけることに疑問を投げかけるものである。

3) 「ようだ」，「らしい」，「（し）そうだ」は，証拠の性質を示しているというよりも，単に何らかの証拠の存在を示していると考えられる。なぜなら，「ようだ」，「らしい」，「（し）そうだ」は，推論の証拠が「可視的あるいは明白」なもの，または「論理的推論や当て推量の結果，あるいは一般認識」であるかを特定的に示すことができないからである。

4) 「ようだ」，「らしい」，「（し）そうだ」に共通の意味は，話し手が推論を行う際の何らかの証拠の存在を表していると捉えることができる。

第9章の注

① Aikhenvald (2004) では，VISUAL, NON-VISUAL SENSORY, INFERENCE, ASSUMPTION, HEARSAY, QUOTATIVEは，evidentialityシステムにおける意味パラメータ（semantic parameters in evidentiality systems）とされている。ここでは，発話情報源としておきたい。

② タリアナ語では，evidentiality標識がテンス標識と融合されている。-ka, -mahka, -nihka, -sika, -pidakaは，それぞれ異なる発話情報源を表すと同時に，同じく近過去（recent past）を表している（Aikhenvald 2003b: 133; 2004: 2-3）。

あとがき

　本書は，2011年3月に杏林大学から博士（学術）の学位を受けた学位論文「モダリティの体系と認識のモダリティ」に基づくものである。

　本書の執筆を始めたのは，2011年から6年を経た2017年の秋である。この6年の間に考察も進んだ。執筆に取りかかる際には，第三者の視点から学位論文を批判的に読み直すことができるようになっている。その結果，本書における一部の観点は，学位論文と異なることになった。したがって，本書は，学位論文そのままではなく，筆者の現時点での到達点である。

　筆者は，2004年に名古屋大学の杉村泰先生のすすめで研究対象をモダリティに絞った。それ以来15年間，モダリティのことを考え続けている。本書は，筆者のこれまでの研究のまとめともなり，次の研究の始まりともなっている。

　本書，および学位論文の執筆にあたっては，杏林大学で今泉喜一先生から貴重なコメントをいただいた。今泉先生は，筆者の恩師であり，研究の方法や研究の内容だけでなく，教育者，および研究者のあり方についても丁寧にご教示くださった。ここで心からの感謝を申し上げたい。また，今泉先生は，定年退職後も，主宰している文法研究会を毎月行い，毎年著書を出している。その熱心な研究姿勢に心からの敬意を表したい。

　学位論文の副査である創価大学の山岡政紀先生にも感謝したい。学位論文を提出するにあたっては，山岡先生から有益なコメントと質問をいただいた。そして，山岡先生の許可をいただいて，2018年4月から1年間外国人研究

員として創価大学で研究を行った。創価大学の優れた研究環境のおかげで，研究や本書の執筆に集中して取り組むことができた。

　最後に，いつも心配をかけている母と姉，日ごろ筆者を支えてくれている妻と娘にも，感謝したい。また，高校の数学教師であった父は，筆者の日本への留学，修士課程と博士課程への進学を理解し，励まし続けてくれていたが，筆者が博士課程の入試に合格する1ヶ月前に永眠した。このささやかな1冊の本を父に捧げたい。

筆者

2020年9月9日

〈付記〉本書は，2017年度浙江工業大学人文社会科学後期資助項目「日語情態与認知情態」の成果である。

参考文献

安達太郎（1995）「シナイカとショウとショウカ―勧誘文―」『日本語類義表現の文法（上）単文編』宮島達夫・仁田義雄（編），くおしお出版.

安達太郎（2002a）「意志・勧誘のモダリティ」『新日本語文法選書4　モダリティ』宮崎和人・安達太郎・野田春美・高梨信乃（著），くろしお出版.

安達太郎（2002b）「命令・依頼のモダリティ」『新日本語文法選書4　モダリティ』宮崎和人・安達太郎・野田春美・高梨信乃（著），くろしお出版.

庵功雄・高梨信乃・中西久実子・山田敏弘（2000）『初級を教える人のための日本語文法ハンドブック』スリーエーネットワーク.

市川保子（2010）「「そうだ／ようだ／らしい」（1）」『日本語教育通信』67.

市川保子（2011）「「そうだ／ようだ／らしい」（2）」『日本語教育通信』67.

王志英（2001）「命令・依頼表現における中国語と日本語の対照研究」京都大学博士学位論文.

太田陽子（2005）「文脈から見たハズダの機能」『日本語教育』126.

岡本芳和（2005）『話法とモダリティ―報告者の捉え方を中心に―』リーベル出版.

奥田靖雄（1984）「おしはかり（一）」『日本語学』3（12）.

尾上圭介（2001）『文法と意味Ⅰ』くろしお出版.

片岡宏仁（2013）「Lyons（1977）による主観的／客観的認識様相の分析とその問題点」『京都女子大学現代社会研究』16.

菊地康人（2000）「「ようだ」と「らしい」―「そうだ」「だろう」との比較も含めて―」『国語学』51（1）.

久保進（1999）「日本語の発語内効力命名動詞の研究－発語内効力命名動詞辞典のモデルの作成－」『松山大学総合研究所所報』28.

黒滝真理子（2005）『DeonticからEpistemicへの普遍性と相対性―モダリティの日英語対照研究―』くろしお出版.

黒滝真理子（2006）「文法化の方向性に反映される談話の顕現法と談話標識－認知類型論的観点からみた「可能」のモダリティー」『認知言語学的観点を生かした日本語教授法・教材開発研究－1年次報告書－』.

佐伯哲夫（1993）「ウとダロウの職能分化史」『国語学』174.

佐藤里美（1992）「依頼文―してくれ，してください―」『ことばの科学5』言語学研究会（編），むぎ書房.

澤田治美（1993）『視点と主観性―日英語助動詞の分析―』ひつじ書房.

澤田治美（2006）『モダリティ』開拓社.

渋谷勝己（1993）「日本語可能表現の諸相と発展」『大阪大学文学部紀要』33（1）.

渋谷勝己（2005）「日本語可能形式にみる文法化の諸相」『日本語の研究』1（3）.

蒋家義（2006）「ダロウと「吧ba」の対照研究―言語行為論の立場から―」杏林大学修士学位論文.

蒋家義（2008a）「認識的モダリティの再定義―「だろう」と「推量」から見る認識的モダリティ―」『大学院論文集』5.

蒋家義（2008b）「ハズダと認識的モダリティのための認知心理的な分析モデル」『言語と交流』11.

蒋家義（2009）「「かもしれない」の諸相」『大学院論文集』6.

蒋家義（2010a）「モダリティ分類の一試案―文法化の研究成果と「関与」の概念による―」『言語と交流』13.

蒋家義（2011a）「日本語の証拠性表現―証拠存在明示とソース明示―」『大学院論文集』8.

蒋家義（2011b）「モダリティの体系と認識のモダリティ」杏林大学博士学位論文.

ジョンソン由紀（1999）「モダリティ理論の明確化を求めて」『言語学と日本語教育―実用的言語理論の構築を目指して―』アラム佐々木幸子（編），くろしお出版.

鈴木重幸（1972）『日本語文法・形態論』むぎ書房.

高梨信乃（2002）「評価のモダリティ」『新日本語文法選書4 モダリティ』宮崎和人・安達太郎・野田春美・高梨信乃（著），くろしお出版.

高梨信乃（2010）『評価のモダリティ－現代日本語における記述的研究－』くろしお出版.

田中章夫（1971）「う」『日本文法大辞典』松村明（編），明治書院.

田野村忠温（1991）「「らしい」と「ようだ」の意味の相違について」『言語学研究』10.

田野村忠温（2004）「現代語のモダリティ」『朝倉日本語講座6 文法Ⅱ』尾上圭介（編），朝倉書店.

玉地瑞穂（2005）「日本語と中国語のモダリティの対照研究―言語類型論の観点から―」『高松大学紀要』44.

玉地瑞穂（2008）「応用認知言語学の観点から見たモダリティの意味変化の類型論的研究」『高松大学紀要』49.

寺村秀夫（1979）「ムードの形式と意味（1）―概言的報道の表現―」『文藝言語研究 言語篇』4.

寺村秀夫（1981）「ムードの形式と意味（3）―取立て助詞について―」

『文藝言語研究 言語篇』6.

寺村秀夫（1984）『日本語のシンタクスと意味Ⅱ』くろしお出版.

中右実（1979）「モダリティと命題」『英語と日本語と 林栄一教授還暦記念論文集』林栄一教授還暦記念論文集刊行委員会（編），くろしお出版.

中右実（1994）『認知意味論の原理』大修館書店.

中右実（1999）「モダリティをどう捉えるか」『月刊言語』28（6）.

中畠孝幸（1990）「不確かな判断—ラシイとヨウダ—」『三重大学日本語学文学』1.

中畠孝幸（1991）「不確かな様相—ヨウダとソウダ—」『三重大学日本語学文学』2.

ナロック・ハイコ（2002）「意味論的カテゴリーとしてのモダリティ」『シリーズ言語科学3 認知言語学Ⅱ：カテゴリー化』大堀壽夫（編），東京大学出版会.

仁田義雄（1991）『日本語のモダリティと人称』ひつじ書房.

仁田義雄（2000）「認識のモダリティとその周辺」『日本語の文法3 モダリティ』森山卓郎・仁田義雄・工藤浩（著），岩波書店.

仁田義雄（2009）『日本語のモダリティとその周辺』ひつじ書房.

日本語記述文法研究会（2003）『現代日本語文法4 第8部 モダリティ』くろしお出版.

日本語記述文法研究会（2010）『現代日本語文法1 第1部 総論 第2部 形態論 総索引』くろしお出版.

野林靖彦（1999）「類義のモダリティ形式「ヨウダ」「ラシイ」「ソウダ」—三水準にわたる重層的考察—」『国語学』197.

蓮沼昭子（1995）「対話における確認行為—「だろう」「じゃないか」「よね」の確認用法—」『複文の研究（下）』仁田義雄（編），くろしお出版.

樋口文彦（1992）「勧誘文—しよう，しましょう—」『ことばの科学5』言

　　語学研究会（編），むぎ書房.

姫野伴子（1998）「勧誘表現の位置―「しよう」「しようか」「しないか」―」『日本語教育』96.

藤井正（1971）「可能」『日本文法大辞典』松村明（編），明治書院.

堀江薫・玉地瑞穂（2013）「第二言語習得データから見た日本語のモダリティにおける「行為拘束的モダリティ」と「認識的モダリティ」の関係についての考察」『言語文化論集』35（1）.

益岡隆志（1990）「モダリティ」『講座　日本語と日本語教育　第12巻　言語学要説（下）』宮地裕・近藤達夫（編），明治書院.

益岡隆志（1991）『モダリティの文法』くろしお出版.

益岡隆志（2000）『日本語文法の諸相』くろしお出版.

益岡隆志（2002）「判断のモダリティ―現実と非現実の対立―」『日本語学』21（2）.

益岡隆志（2007）『日本語モダリティ探究』くろしお出版.

益岡隆志・田窪行則（1992）『基礎日本語文法－改訂版―』くろしお出版.

三宅知宏（1992）「認識的モダリティにおける可能性判断について」『待兼山論叢　日本学篇』26.

三宅知宏（1993）「認識的モダリティにおける確信的判断について」『語文』61.

三宅知宏（1994）「認識的モダリティにおける実証的判断について」『國語國文』63（11）.

三宅知宏（1995）「「推量」について」『国語学』183.

宮崎和人（2002a）「序章　モダリティの概念」『新日本語文法選書4　モダリティ』宮崎和人・安達太郎・野田春美・高梨信乃（著），くろしお出版.

宮崎和人（2002b）「認識のモダリティ」『新日本語文法選書4　モダリティ』宮崎和人・安達太郎・野田春美・高梨信乃（著），くろしお出版.

森田良行（1980）『基礎日本語2』角川書店.

森田良行（1989）『基礎日本語辞典』角川書店.

守屋哲治・堀江薫（2004）「日英語のモダリティ体系に見られる意味変化の方向性の違い」『言語処理学会第10回年次大会論文集』．

森山卓郎（1995）「ト思ウ，ハズダ，ニチガイナイ，ダロウ，副詞〜φ－不確実だが高い確信があることの表現－」『日本語類義表現の文法（上）単文編』宮島達夫・仁田義雄（編），くおしお出版．

森山卓郎・安達太郎（1996）『日本語文法 セルフマスターシリーズ6 文の述べ方』くろしお出版．

山岡政紀（2000）『日本語の述語と文機能』くろしお出版．

山梨正明（1986）『新英文法選書 第12巻 発話行為』大修館書店．

湯本久美子（2004）『日英語認知モダリティ論—連続性の視座』くろしお出版．

小学館国語辞典編集部（編）（2012）『大辞泉 第二版』小学館．

新村出（編）（2008）『広辞苑 第六版』岩波書店．

中村幸彦・岡見正雄・阪倉篤義（編）（1982〜1999）『角川古語大辞典』角川書店．

日本国語大辞典第二版編集委員会・小学館国語辞典編集部（編）（2000〜2002）『日本国語大辞典 第二版』小学館．

北京商務印書館・小学館（編）（2002）『中日辞典 第2版』小学館．

松村明（編）（2006）『大辞林 第三版』三省堂．

Aikhenvald, A. Y. (2003a). Evidentiality in typological perspective. In A. Y. Aikhenvald and R. M. W. Dixon (eds.), *Studies in Evidentiality*. John Benjamins.

Aikhenvald, A. Y. (2003b). Evidentiality in Tariana. In A. Y. Aikhenvald and R. M. W. Dixon (eds.), *Studies in Evidentiality*. John Benjamins.

参考文献

Aikhenvald, A. Y. (2004). *Evidentiality*. Oxford University Press.

Aikhenvald, A. Y. (2006). Evidentiality in grammar. In Keith Brown (ed.), *Encyclopedia of Language and Linguistics* (2nd ed.). Elsevier.

Aikhenvald, A. Y. and R. M. W. Dixon (eds.). (2003). *Studies in Evidentiality*. John Benjamins.

Austin, J. L. (1962). *How to Do Things with Words*. Oxford University Press.

Bybee, Joan L. and William Pagliuca. (1985). Cross-linguistic comparison and the development of grammatical meaning. In J. Fisiak (ed.), *Historical Semantics: Historical Word-Formation*. Mouton de Gruyter.

Bybee, Joan L., Revere D. Perkins and William Pagliuca. (1994). *The Evolution of Grammar: Tense, Aspect, and Modality in the Languages of the World*. University of Chicago Press.

Coates, J. (1983). *The Semantics of the Modal Auxiliaries*. Croom Helm.

de Haan, F. (1999). Evidentiality and epistemic modality: Setting boundaries. *Southwest Journal of Linguistics* 18.

de Haan, F. (2001). The relation between modality and evidentiality. In R. Müller and M. Reis (eds.), *Modalität und Modalverben im Deutschen*. Helmut Buske.

de Haan, F. (2006). Typological approaches to modality. In W. Frawley (ed.), *The Expression of Modality*. Mouton de Gruyter.

Evans, V. and M. Green (2006). *Cognitive Linguistics: An Introduction*. Edinburgh University Press.

Groefsema, M. (1995). Can, may, must and should: A relevance theoretic account. *Journal of Linguistics* 31.

Halliday, M. A. K. (1994). *An Introduction to Functional Grammar* (2nd ed.). Edward Arnold.

Heine, B. and T. Kuteva. (2002). *World Lexicon of Grammaticalization*. Cambridge University Press.

Hopper, P. J. and E. C. Traugott. (1993). *Grammaticalization* (1st ed.). Cambridge University Press. (日野資成（訳）(2003)『文法化』九州大学出版会.)

Hopper, P. J. and E. C. Traugott. (2003). *Grammaticalization* (2nd ed.). Cambridge University Press.

Huddleston, R. and Geoffrey K. Pullum. (2002). *The Cambridge Grammar of the English Language*. Cambridge University Press.

Li, R. (2004). *Modality in English and Chinese: A Typological Perspective*. Dissertation.Com.

Lyons, J. (1977). *Semantics, vol. 2*. Cambridge University Press.

Lyons, J. (1995). *Linguistic Semantics: An Introduction*. Cambridge University Press.

Nuyts, J. (2001). *Epistemic Modality, Language and Conceptualization: A Cognitive-Pragmatic Perspective*. John Benjamins.

Nuyts, J. (2006). Modality: Overview and linguistic issues. In W. Frawley (ed.), *The Expression of Modality*. Mouton de Gruyter.

Nuyts, J. (2016). Analyses of the Modal Meanings. In J. Nuyts and J. van der Auwera (eds.), *The Oxford Handbook of Modality and Mood*. Oxford University Press.

Palmer, F. R. (1986). *Mood and Modality* (1st ed.). Cambridge University Press.

Palmer, F. R. (1987). *The English Verb* (2nd ed.). Longman.

Palmer, F. R. (1990). *Modality and the English Modals* (2nd ed.). Longman.

Palmer, F. R. (2001). *Mood and Modality* (2nd ed.). Cambridge

University Press.

Palmer, F. R. (2003). Modality in English: Theoretical, descriptive and typological issues. In R. Facchinetti, M. Krug and F. R. Palmer (eds.), *Modality in Contemporary English*. Mouton de Gruyter.

Quirk, R., S. Greenbaum, G. Leech and J. Svartvik. (1985). *A Comprehensive Grammar of the English Language*. Longman.

Searle, J. R. (1969). *Speech Acts: An Essay in the Philosophy of Language*. Cambridge University Press.

Searle, J. R. (1979). *Expression and Meaning: Studies in the Theory of Speech Acts*. Cambridge University Press.

Seckel, A. (2005). *Super visions: Geometric optical illusions*. Sterling.

Sweetser, E. E. (1990). *From Etymology to Pragmatics: Metaphorical and Cultural Aspects of Semantic Structure*. Cambridge University Press.

Uyeno, T. Y. (1971). *A Study of Japanese Modality: A Performative Analysis of Sentence Partilces*. Ph.D. dissertation, University of Michigan.

Vanderveken, D. (1990). *Meaning and Speech Acts: Volume I, Principles of Language Use*. Cambridge University Press.

Vanderveken, D. (1994). Principles of speech act theory. *Cahiers d'Épistémologie* 9402. Université du Québec à Montréal.（久保進（訳注）（1995）『発話行為理論の原理』松柏社.）

贺阳（1992）《试论汉语书面语的语气系统》《中国人民大学学报》5.

蒋家义（2010b）《日语情态表达的语法化路径——常见语法化路径的反例》《日语学习与研究》6.

齐沪扬（2002）《语气词与语气系统》安徽教育出版社.